世界上有一種最美麗的聲音，
那就是母親溫柔的叮嚀！

——但丁

我們每個人心中都有一束光芒，
它從來不曾躲藏，只待你點燃它。
你必須相信這個真理，
它像鑽石般等著你去發覺。
如果你曾經想要放棄，
請試著回想這個真理，
我們注定要展翅高飛！

——艾薇兒Avril Lavigne

一部令人感動的物語！

一位平凡的母親以平凡卻又顯出不平凡文字的教養內涵！
兩位天真的女兒素直的回應共譜出一齣人間之愛的樂章！

伊莉莎白

寫給女兒的30封信

伊莉莎白・凱茜　著
張明玉　譯

推薦的話

——張明玉（譯者）

上帝不能無所不在，
所以祂創造了母親！
——猶太諺語

這是一本值得送給女兒閱讀的書。不僅對女兒如此，我還希望將她介紹給更多的年輕女性，提供她們正確的人生目標。

這本書的特色在於茵茵和茜茜兩位主角，以及四周朋友的一些見地、感想。雖然僅是十來歲的孩子，但卻有如此明確思緒，實甚可喜。

坊間有不少書籍教導我們各種禮儀，甚至於實際生活中的細微末節，諸如如何做一手好菜、如何化粧、穿著……等等；有時，母親也會告訴女兒這些話題。

然而，除了基本的生活禮儀之外，母親能於心靈世界與女兒做如此多的溝通者實甚少見。因為「心靈」是由眼睛所無法透視的，有些話倘若未說出而深藏於內心，就好像什麼都沒發生一樣，這種母女關係甚為可怕！

沒有比現代變化更激烈的時代了。數百年來，未曾被問明是非的價值觀，從根本上產生了動搖。母親們對此重大變革均感難以招架，甚而對自己的生活方式都失去信心，更遑論該告訴女兒什麼了。

雖曾失敗過，但現在堪稱幸福的作者，她寫給女兒的這些手札，很具有說服力；相信各位讀者亦會受其女性特有的感性，以及母親對女兒的摯愛所感動吧！

「人生是操之在我的手裡！媽媽所說的，妳是否接受，那是妳的自由；不過，我認為或許對妳有用。所以——不得不寫……」

——實際上，我們每一個做母親的，都應坦誠表達自己內心的想法及感受給女兒。所以，看了本書之後，我打算在最近無論如何都要把內心想說的話告訴女兒……

前言

媽媽給女兒的叮嚀！

我把要對妳們說的話列成一張表格，但是卻多得無法容納在同一張紙上。最近，妳們兩人都因學業、交友而忙碌，想和過去一樣與妳們慢慢地聊，總是無法找出適當的時間，因此一再延擱……

於是，我就想到了這個辦法。

把想說的話寫下來；記在筆記本上，如果妳們看了以後有什麼感想，不妨也寫下來；長短不拘，或許最後我們會寫出和《戰爭與和平》一樣的長篇也說不定。

我並不想陳述一些艱深的道理，我想寫的只是日常生活中的感想，和人生的經驗之談。

我的經驗同時也是妳們的，媽媽成年後的經驗，是我們母女三人可以共同分享的。

不久後，妳們都將成為一個成熟的女人；我到目前為止已做了三十五年的女人，對於身為女人的處境十分了解，並且引以為榮。

我認為女人的優點很多，譬如可以打扮自己的容貌、生小孩、有敏銳的直覺、天生的柔情……可說比男人更優秀。

最近，我雖然沒有向人提起過身為女人的喜悅；但是，我想花一些時間和妳們一塊兒分享這些愉快的經驗！

妳們是生在和我不同時代的人，關於這一點，我也有很深的感觸。這個社會正以極快的速度發展，所以妳們比人類歷史上任何一個時代的人所受的壓力更大、更複雜的困境。

為了適應環境的變化，我急切想樹立自己的風格——女性究竟該如何處世、如何把握機會，以及對女性的未來期許……

我並不強迫妳們以我的訓示為教條，因為我所經歷的人生與所遇到的機緣和妳們不同；但是究竟我在說些什麼，妳們一定要確實了解。

時代在變、習慣也不停的變；一百年前所講究的禮節，現在看來也許覺得奇怪，但世上有些事，卻是永久不變的！

1

生命的手札

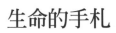

2

愛的手札

3 身體的奧秘

4

心靈的手札

5 智慧的手札

Part 1

生命的手札

Chapter 1.

「自尊心」在哪裡？

──對你我都重要的特質

今天早上，我的自尊受到嚴重的傷害，所以急著寫下這封信──人往往會因為一丁點的小事而傷害別人！

在這世界上，會把人的自尊擊倒的圈套，幾乎到處都是。學生時代，聽到的總是被指責之言；迨成年之後，踏入社會，在上位的人為了防止屬下超越；因此處處設防，處心積慮的想把別人絆倒，這些例子都令人感到難受，甚至產生自卑。雖然知道總有一天會受到肯定，但是要如何才能防止自尊心受到傷害呢？

有個辦法，就是將自尊心深藏起來。冷靜的判斷別人的評語，是否有值得傾聽的部分，如果有，我們就從善如流；其餘的部分就當作是耳邊風，如此便可卸下沈重的負擔……

批評的動機很多，有的出於嫉妒、有的說是為你好的說辭、有的只是為了滅滅別人的威風。這些批評的話，其中都含有很大的問題。

茜茜，妳記得那個一再批評妳的運動鞋的女孩嗎？那個女孩其實很渴望妳的鞋子，才有這種酸葡萄心理！

我們受到的批評往往都是動機不明的，而那些為了想幫助妳成長的善意批評卻極少出現！所以，我們應該注意的是，批評背後的動機。

要仔細的去思考批評的「涵意」究竟是為何？是真誠的或虛偽的，要善加分辨！

關於這一點，西蒙波娃說得好，「當所有人都懷疑妳的時候，自己千萬要相信自己；但也應考慮一下別人的看法。」——即是由不良的動機所引發的批判，有時也能讓我們獲得有利的諫言。

茵茵，妳曾被一個人傷害，因為她嘲笑妳的服裝；但是妳經過了考驗及磨鍊，終於爭了一口氣，妳一定也從她的話中找出一些真諦吧！

接受新的資訊、跟著環境的變化，不斷地作自我檢討，如此必能發現自己本身的缺點而加以改進；如果是優點，那麼更應利用及發揮。

妳是否堅持自己的看法？

對自己本身意念的堅定比什麼都重要。一個人不能人云亦云的被牽著鼻子走，要在自主的原則基礎上行事！

居禮夫人曾受到指責；蘇格拉底也曾施予以毒藥；莫迪里亞尼曾被人批評為二流畫家，幾乎所有的大人物，都曾受到批評；一直到後世，他們才受到肯定，才知道他們確實是先知先覺。

如果沒有人對這個世界提出質疑，這世界也就沒有進步的希望。因為大部分的人都只會依循過去的舊例做事，無法開創新的境界；懷著遠大抱負的人，雖然容易受到目光淺短者的批評、否定，卻不因此而氣餒，並且貫徹到底。所以，地球是圓的事實才獲得確認、美國也才能獲得獨立！

茵茵，妳可曾記得？在二、三年前妳似乎十分鬱悶，當時爸爸建議妳一早起來，馬上去照著鏡子對自己說：「我是個好女孩，再也找不到像我這樣的女孩了，我是獨一無二的！」爸爸的用意，就是想激起妳的自信心，而這個方法既方便又有效！

剛開始妳雖然會覺得十分無聊，但是兩個星期之後，記得有一天早上妳對我說：「媽媽，我真的覺得像我這麼好的女孩，世界上再也找不出第二個了！」

不管妳幾歲，一個人的一生是很容易受到別人批評的；而且愈是成功的人，愈容易受人嫉妒，即愈表現出色的怎會成為眾矢之的。並不是所有的人都喜歡這樣，不要被成功沖昏了頭；相信自己的才能，只要繼續不斷的追求理想，必能達成妳的目標！

很久以前，妳的外祖母曾經對我說：「不要以開玩笑或孩子氣的態度，而應認真的判斷權威的正當與否；不論對方是父母、政府、老師都一樣；都應依持自己的健康、道德的信念來加以判斷，只要認為是對的，就應努力去做！」

決定的前提是——必須相信自己，發揮神所賜予的力量，盡力使自己成為最完美的人。在自己的真心及精神下生活，當然也要用心傾聽別人的建議，有時候，別人的話對妳也是有助益的。

但是，一旦認為自己選擇的道路是正確時，不論周遭有多少阻撓和意見，都應擇善固執的貫徹自己的信念。

女兒的想法

雖然坦誠的接受批評很困難；但是批評可使自己發現自己的缺點，因此妳才能獲得幸福的生活。

——茜茜

世上的母親都希望自己的孩子成為完美的人；但世上真的有十全十美的人嗎？如果有，那麼這些人可說是真正受到壓制的人！這又是誰所造成的呢？

——茵茵

如果自認是個美女，自負與自尊便是與生俱來的。

——茜茜

與別人做朋友之前，首先要與自己成為朋友；喜歡別人之前，應先喜歡自己。所以，要有自尊心，滿足自己與眾不同的特質！

——茵茵

Chapter 2.

常懷感激之心

——杯中已有半滿的水了

因為人人都知道生存並非易事，
所以我要歌頌為工作而生活的人。

——約翰登斯

有人看到了一半滿的杯子，常會樂觀的想：「已經有半杯了！」也有人悲觀的認為：「僅僅只有半杯！」這之間有非常大的差異，也代表兩種不同的人生態度，妳們了解這種差別嗎？

沒有人從一生下來就會毫無挫折的生活，不論外表如何完美，才能多麼傑出，或是十分有錢的富翁。會完全滿足於現狀的人，世上幾乎沒有。

前些日子我上街買東西，站在一位小姐的後面，那位小姐非常漂亮，正當我心想「能長得這樣美麗，她真是太幸福了！」時，這位小姐忽然以一種尖銳的聲音喊叫起來，後來我才知道，她竟是個智能不足的人。

上帝造人，賦予了每個人得以生存的優點，但是如何使它們發揮最大的用處呢？如何截長補短，端賴各人的巧妙運用了。

有人對自己不滿，從一開始就投降了；也有人對自己人生的棋子作了一番評估後，再針對自己的缺點來採取行動。

要對自己有信心

有一首以「機會」為題的詩，它說：有一個士兵把壞了的劍扔在戰場上，但是卻被手上沒有武器的王子，在千鈞一髮的時候撿到，終於用它打倒敵人。這雖是士兵所丟棄的武器，卻給了王子寶貴的機會。

一個人的機會是由自己創造的。對自己所欠缺的東西，若一味的嘆息是無濟於事的；只有努力去追求才最重要。每個人必須要有勇氣及勝利的意志，這樣的人生才有意義。

林肯靠自學取得成就；沒受過教育的愛迪生成了偉大的發明家，如果這兩個人都以對他不利的因素為藉口，至今也不會名傳千古了。

在意自己所欠缺的地方，應該積極訓練自我讓它成有利的條件，就像拾劍的王子一樣，開創出自己的奇蹟。要對自己的行為有自信，發覺自己的本能、智慧，如此才能成功。

茜茜，妳一向口齒清晰、有很好的分析能力，以及不裝模作樣的率真幽默感、敏感的靈魂，使妳成為有豐富的個性和具有魅力的人。

茵茵，妳永遠是那麼活潑，連日常的舉止都像歌舞般的優美生動，再加上妳寬大的性格，所以妳所到之處都充滿了開朗的笑聲。

所以說，妳們兩個人都有很好的性格與才能，媽媽希望妳們能創造出有個性的人生。

將來的各種機會，將由自己所設限的範圍決定，千萬不要認為杯子裡僅剩一半的水，反而要以「已經有一半的水了！」樂觀的態度，就會像在石油危機時發現油田一樣，給生命帶來新希望。

女兒的想法

媽媽是如此的樂觀，看重優點的部分甚於缺點；我能了解，可是我自己卻無法做到！

——茜茜

僅僅面對邪惡面而生活的人，注定是悲慘的下場。

——茵茵

Chapter 3.

心有千千結？

——若有心結應坦誠的公開

向朋友發脾氣。我發怒了，平靜的怒氣；
他感到了騰騰憤怒——我不說，而憤怒自然燃燒。

——威廉．布雷克

長大之後，才了解生氣是怎麼一回事！

有好長的一段時間，我以為自己是個不會發脾氣的人；受到傷害時，只會覺得悲傷或心情不好，卻極少動肝火發過脾氣。

好像打從我們一生下來，就被教導著不要把怒氣形於外，即使玩具被別的小孩搶跑了，也不能去追打；父母如果做了一些未經考慮的事，小孩也無權抗議；不論對方是誰，只是不顧意見到雙方的關係破裂而隱忍不言，這樣被壓抑長大的孩子實在很多。

但是怒氣總要設法處理呀！要如何發洩呢？

發洩怒氣最普遍的方法，便是向對方報復；持續的帶著恨意，等待著反擊的機會，以言語或狡猾的手段報復，總之，一定不放過！

當妳們兩個還小的時候，曾經有過爭吵。茵茵年紀較大，身體比較健壯，所以打架時總佔上風；而茜茜那張會說話的利嘴，卻成了她有利的武器。當茵茵使勁搶玩具後的第二、三天，茜茜會找機會大聲說出茵茵最羞恥的事，妳們還有印象嗎？這樣的爭吵並不能解決問題，憤怒則會一直留存在心中。

一般人的作法總是花費許多的力氣及時問，幾天、幾個星期、甚至幾年，苦苦的等待報復的機會，彷彿背負著沈重的十字架一般，雖然痛苦，但很多人還是選擇了它，因為這樣可避免與對方發生正面的衝突；所以，這也是一種狡猾的做法。

另外也有一種人，總是把氣悶在心裡，卻面有難色；他這樣做，只不過希望別人能看出他心中的不滿。

所以，當有人問，「你怎麼了？」他也會彆扭的回答，「沒什麼啦！」彷彿自己是受難者一般。這樣做的人，把周圍的氣氛弄得十分緊張，以此做為報復，這也是避免正面衝突的做法。

怒氣要立刻發洩掉

在我們每天的生活中，由於許多的阻礙、不順心、粗暴，以及為了一些無聊的瑣事而發怒；但為了抑制心中的怒氣，每個人都費了一番工夫。

直到最近我發現了發洩怒氣的最直接方法十分簡單——那就是當場回應！

就是把你所感受到的憤怒，坦率的表現出來。如果朋友說你的頭髮像鳥窩，你可以回應她，「請不要把玩笑開得太過分！」這樣可以讓對方知道妳已輕受到傷害了；如果妳的男朋友揶揄妳，「妳愈來愈肥了！」妳也可以回他說，「你嘴巴怎麼愈來愈臭了！」

媽媽這樣說，你們了解嗎？也就是要妳們把心中所想的盡情發洩出來，不要積壓在心中。

右臉挨打了，千萬不要再把左臉湊上去，不要作一個隨便受人欺負的殉道者。如果這樣，便只有在長期的痛苦中，最後才以陰狠的方法來報復；如此一來，雙方的關係就真的破裂了。

我知道妳們會說：「如果直接對老師抱怨，『老師不公平，所以我很生氣！』的話，遭到怎樣的下場呢？可能會被扔出窗外吧！」

我並不是要妳們直截了當的攻擊，而是在能控制對方的反應下發怒，也許對方也會動火，但是即使觸怒了對方，只要自己能獲得一點發洩的機會也是有益的。因為怒氣發洩後，會感到舒暢；如果積存太久，那麼也許會產生某些具破壞性的毒素，反而使雙方傷害更大！

要直率地表現出自己的感情，但也要給對方公平的反駁機會；否則，若讓心結成為必須背負的包袱，那就更悲哀了。不要因為你發洩了怒氣，就認為別人都不喜歡你的想法。

我說的話也許你們不會輕易相信，但是多試幾次之後，妳們會了解這種方法不會在彼此間造成敵意，反而會促進彼此的諒解；只要妳試過，就一定能體會出這種方法的奧妙。

不會發洩自己的感情，或只是強把怒氣壓抑著，只是更有損於你的人際關係；因為不論是自己或所愛的人，都不是完美的，他們都是人，所說的話也不一定都是正確的，有時也免不了會有誤解。

但是不管發生了什麼問題，只要能適當的表現出怒氣就可解決問題。一直壓抑著怒氣，到了無法再忍受的時候，一下子爆發出來，反而比在當時渲洩要危險得多！

平日就應該避免心結的產生，那麼人與人之間的關係，就更和諧融洽了。因此，平日議論人事的態度，也應多多注意與學習。

何以羞於爭吵

每個人都會因為各種原因和人吵架，有時候甚至是一些意想不到的事情，例如，建文偷看了妳的試卷，他雖然不用功，但卻因此考及格了，如果這件事被發現將會鬧成大事；所以，他不敢對妳的無理要求有何不滿，只好把怒氣壓抑下來。兩天之後，妳和建文一言不合，似乎要動手打起來了；追究原因，原來是作弊的怒氣，藉著別的事情來發洩。

在家裡有時也會有類似的事情發生，由於一件事而引起的導火線。例如，妳們藉著做家事發脾氣，實際上卻是由於以往積壓已久的怒氣無法渲洩，藉此大作文章而已。

總之，吵架時應及早表明自己發脾氣的原因，如果前因不遠，應坦率的說明出來。

在迪斯可舞廳，朋友取笑妳的舞步笨拙，那麼妳也可以回她：「不錯！但妳更像是懷了十個月身孕的母牛啊！」

在壓抑的怒氣要變成吵架的原因以前，最好盡快想辦法將其渲洩出來，寫在紙上告訴對方也可以，以去除心中的芥蒂。

要知道自己心中究竟是否存有芥蒂的方法是——觀察自己是否一直在吵架，如果不斷和父母、兄弟姊妹發生爭吵，可能的原因有兩點——

一、讓自己真正煩惱的事，尚未獲得解決。

二、因為怒氣未能完全渲洩，所以心中覺得不暢快！

如果一味的壓抑怒氣，那麼一整年都會在心情惡劣的情況下生活，就像鞋中有石子一般的難受，始終都會感到不舒暢。

只要能把怒氣適時地渲洩出來，就能消除心中之氣；如果把氣一直悶在心裡，不但你自己不暢快，而且當你拿別人出氣時，別人也會感到莫名其妙！

容許忘卻

社會上沒有比不能容忍別人的人更不幸了。沒有辦法忘記別人的缺點，就不能使自己或別人快樂，這種人終其一生都是悽慘的！

這種人無法將自己的真心表現出來，如果能坦率的表現情感，任何事都是能解決的；但是，若無法適時的表達出來，恐怕會造成畢生的不幸——受到自己的怒氣所抑制，不能開懷的過日子，是件很可憐的事。

要保持愉快、輕鬆的心情，這就是做人應有的胸襟；如果不能，而是以積怒、緊張的情緒過活，的確是十分遺憾，應立刻想法子解決才好！

女兒的想法

直截了當將怒氣一吐為快，的確是一個好方法，如果是自己的朋友，我想有可能將心中的怨氣全部吐露；但如果對方是大人，可能就有些困難了，如果遇到老師，那就更難說了！

——茜茜

我認為生氣也不可隨便遷怒於人，因為這麼做只會使問題更擴大；要學習在不同的情況下控制自己的憤怒，這一點是相當重要。

——蒂蒂

無法表現自己的情感，而將它深藏在心中的人，是一種不健康的做法；或許這樣做一時間可壓抑感情，但有朝一日終會因忍無可忍的迸發出來，就算你不想這麼做，也會自然的形色於外。

如果對某人不滿，我認為當場就要說出來，如果沒有辦法這麼做，就盡量捶打牆壁、或用力的把狗熊娃娃丟到地上、捶枕頭以發洩胸中怒氣；如果一味隱藏在心底，將來一旦爆發，這對身體是有害的事。

——薇薇

當大家的意見無法一致時，彼此間應該學習和睦相處，並相互溝通、了解。

——茜茜

Chapter 4.

幸福在哪裡？

——妳就是被幸福所眷顧的女孩

身為一個人有許多的義務，千萬不可疏忽追求幸福的意義。

——史蒂文生

現在，我希望妳們能讀卡爾・曼尼喬所著的《背叛自我》，這是一本相當出色的書，闡釋人們為什麼將自己通往幸福之路給封閉起來呢？為什麼？——關於這一點，在本書中有詳細的說明；當我們追求喜樂的欲望時，總像電光石火般的短暫；在此，讓我就這一個耐人尋味的問題作一番探討吧！

打從嬰兒起，不！應該說還在母體內時，我們就能記憶了；如嬰兒房的壁紙顏色、學走路的情形、甚至一些無聊的小事，都能在無形中被記憶下來。

對於周遭的人所說的事，腦中的記憶裝置也會加以記錄，同時，由這些記憶及訊息中產生各種問題，並且主動加以分析。

請妳們仔細的回想，打從嬰兒時期開始，我們不斷的被指責「這不好」、「那不對！」所做的事幾乎很少不出錯的，甚至連鞋帶也綁不好、會尿床、字常拼錯……等。

雖然因此會更認真的去做，但是錯誤還是會不斷地出現或重複。這並不是故意這麼做，而是由於不習慣或不熟練所致；甚至人的肌肉尚未完全發達時，就會造成很多事的不順利。

妳們知道嗎？就是因為是小孩子，才會遭到挫敗；但是，老師及雙親看到這種情形，都會忍不住生氣而破口人罵，而小孩也會對自己的過失感到難過。

「又做錯了！」、「什麼時候才學得會呢？」、「真是個笨孩子！」一種種否定的語詞，不斷的加諸在孩子身上，並如影隨形伴著他們成長。

這類的否定，究竟對我們會造成哪種影響呢？那些話的含意就如同，「你是笨孩子，所以當然要受罰！」也等於暗示著一種危險的意思，「你沒有資格得到幸福，你永遠無法成功！」

如果心中受到這種打擊，認為這是早期的經驗，所以長大之後不會有深刻的印象；但是這種影響就像「2×2＝4」一樣自然，剛開始或許沒有感覺，但往後卻終有——「我沒有資格得到幸福！」的陰影存在著。

心中殘留「不會幸福」的否定陰影

由於以上這些否定語，不知使多少人產生了自卑的傾向與自殺的念頭，簡直令人驚訝！或許有些人的情況並沒有如此嚴重，但或多或少都會受到否定的影響。

對於某件事全力以赴、奮不顧身，結果卻眼看著成功在望而被搞砸了！或是辛辛苦苦經過了幾年的練習，到了比賽前，卻因患了重病而臥倒在床的運動選手；或為了學期成績，不眠不休的苦讀，卻因考試過度緊張而交了白卷……

乍看之下，這些情形只不過是偶發的自我挫折，然而卻隱藏著極大的通病，為什麼呢？因為人的內心及身體向來會跟本人背道而馳；但是，有關這一點的詳情，我們並不十分了解，也不想讓這種情形出現。

這就是小時候的無聊否定程式所造成的結果。「自己天生就是個輸家」、「這輩子不可能會幸福！」、「成功怎麼可能輕易到手，人生有可能這麼順利嗎？」引起這種症狀的誘因很多，但結果卻大同小異。輕微時，是自我挫折；嚴重時，甚至會走上自我毀滅一途。

最輕微的症狀之一是，內心中一直以為自己是無法快樂的人，於是會有「自我封閉症」的情況出現，使快樂永遠與自己絕緣！

希望妳們別忘了這種微妙的關係，而且它不會在當時就產生後果，而是需要積存一段時間後，在毫無意識的狀態下產生的。

雖然十分微妙；事實上，仍有各種不良的影響波及受害者。

例如，在學校常可見到這種情形。有些學生考試得了九十五分，卻因不是滿分而悶悶不樂；或是數學特別好，而國語卻勉強及格邊緣。

經商時，雖然賺了不少錢，卻仍不滿足；於是自暴自棄的使自己往窮途末路走。在愛情問題一也是一樣——雖然誠心誠意的去愛對方，卻不知為何，始終得不到愛的回饋。

這就是人在生活中不快樂的程式，現在都呈現眼前了。更糟的是，把有關拒絕幸福的原因，反而怪罪到別人的身上！

成績不好的學生總認為，成績滿江紅是老師的責任；患了工作狂的實業家，在拚命工作之下仍無法滿足，遂將原因歸咎於太太過於浪費；失戀者亦常將主因怪罪到對方的寡情，卻忽略了本身相對的付出。

即使是一樁小事，也會感到快樂嗎？

首先，仔細的觀察自己，是否每天都很快樂？在學校，或在工作崗位上，覺得有趣嗎？是否精神常受衝擊而備感壓力呢？

對周遭的小事感到快樂嗎？一朵小花、一片雲彩或是對於自己的美麗、好成績，也都感到喜悅嗎？

在人的一生中，是否感到很大的喜悅；當自我限制時，又像電流短路般的，將原本美好的一切給糟蹋了，以致不管遇到何種情況，都無法使自己滿意，每天都過著不開朗的生活。

為什麼會如此煩惱、不開朗呢？我們應理性的去探求原因，是否當幸福輕輕地走近身邊時，我們不知道如何去迎接幸福呢？

或者，接受幸福的勇氣十分短暫，當美好的事物持續時，心中竟會擔心幸福是否將在一剎那間失去，於是盡想一些不好的預兆？

「我能獲得幸福，這是當然的！」要常常這樣對自己肯定。因為你不是罪大惡極的殺人犯，也不是不受歡迎的討人厭；你只是把該做的事，有條不紊的完成，朝向人生的幸福之路邁進罷了。

喜悅而非悽慘、幸福而非悲哀，這樣的日子才適合妳，就算有時會有一點兒失意，也只是一時的疏忽；因為人雖常會遭到挫折，但每天都應將幸福的希望，在心中默唸，直到牢記在心為止！

「我的生活必須有幸福，且內心對幸福的追求是無時無刻的！」——如果能夠一直這樣想，自然而然的會成為人生的信念，只要心中有信念便能得到幸福！

希望妳們能仔細觀察自己進步情形，如果很快又恢復了苦惱、壓抑等習慣，請再次地思量，只有幸福才是最適合自己的。

想把以前否定的心態完全去除，應該怎麼做呢？有一些著名心理學家所寫的書，對於解決這個問題非常有幫助，我鼓勵妳們多看下列幾本書，如：卡爾所著的《背叛自我》、佛洛姆的《創造的勇氣》《愛與意志》及湯瑪斯・洽利斯著的《我ＯＫ，你ＯＫ》。

聞名世界之思想家所寫的書，以深入淺出的方式並不少；首先要選擇適合自己的書，以快樂的心情閱讀，相信必然大有助益！

如果認為一個人沒有辦法解決問題，而又沈浸在原來的否定自我的心態時，這時妳可以找能幹而又親切的張老師（輔導單位）幫忙。幸福的生活是要靠自己創造的——為了達到幸福的追求，妳，一定要全力以赴。

女兒的想法

在人生中，「快樂」與「幸福」是最重要的；如果想要的東西得不到就算不幸福，我認為這種想法並不十分正確。應該在每天的生活中找出幸福的泉源，且儘量的享受幸福，這才是最重要的。

——蒂蒂

每天都生活在充滿喜悅與幸福的我，是這麼認為的：人生的四分之三都應是幸福的。

——茜茜

幸福與快樂是不同的——「快樂」是短暫的；而「幸福」

則要維持一生。

——薇薇

幸福與否和各人對人生的看法有關，要使自己幸福，就應該在自己的條件下，完成最大的責任，我認為每個人都應該有這種盡責任的想法。

凡事都一定會有光明的一面，所以我們應該學習去看看一件事的光明面，然後對自己產生信心，如此方可遇著有意義的人生。如果凡事過於消極，只知等待周遭的人賜予幸福，這種人反而得不到真正的幸福！

——茵茵

Chapter 5.

「死亡」即是通往天堂之道

——值得懷念的人正等著與你相會

趕緊來吧！我即將遠離，
從大地慢慢的爬行，
令人懷念的大地再見了，
明天一早，我就要回到天上的故鄉了。

——史蒂文生

我的祖父，也就是妳們的曾祖父，在我六歲時去世，我非常愛他，但是大人說：「妳的年紀太小，不能參加葬禮。」

幾十年後的今天，我仍然對自己不能參加爺爺的葬禮感到遺憾！有關葬禮的儀式問題，我的看法可說是屬於老舊保守的。當人們要安葬死者時，我認為一定要親身到場致哀才對；這並非只是對死者的哀悼，並且是對悼祭者本身的精神安慰。如果能和一樣悲傷的朋友相擁痛哭，對死者的家屬而言，是一種強大的慰藉力量。

我對於「死亡」，有一些不同的想法，也看了很多書。我認為，就算以催眠或冥想的方法做了各種實驗，我始終認為——人的生命力絕不僅止於這一世，所以要相信死後的再生，才能獲致安詳。

我一點也不強迫妳們要相信我的信仰之意，關於這方面，每個人的看法都不同，我只不過傳達內心的想法而已；也希望妳們能把自己省察的心得或資料，再加上我的想法做為參考，以尋求另一種合理的觀點。

人生最後的冒險

媽媽對於「死」，一點兒也不會感到畏懼。「死」到底是什麼呢？在冥冥之中，我感到似乎早就有所頓悟，所以死亡對我而言，並不會覺得是一件十分恐怖的事！

「死亡」對於一般人來說，是一生最後未體驗過的領域；換句話說，死亡是人生最後的偉大冒險行動，因為媽媽的人生隨著年歲的增長，而愈來愈覺得——死亡將成為人生中最後的重要經歷——我如此深信著。

所以，對於他人面對死亡所抱持的恐懼，媽媽一直不能理解；我希望妳們不要因此誤解，媽媽並不是期待這一天的到來，我只是認為「死」是人一生中歷程的頂點。

詩人羅伯・布朗寧作了一首有關死亡的詩——

前行吧！朝向死亡之路的我們，
最美好的日子還沒來呢！
有生必有死，生的最終目的就是結束……

我對於死亡並不害怕的理由之一是，我認為死只是另一種再見的開端，關於這點——史帝文生的詩句中，有一節是這樣的吟唱——

友人並非死去，
只是抄了人生的小徑而已，
他跑得太快，
提早到了終點；
所以，當你跑過轉角時，
你便有可能與他再次相會。

的確！我的感覺就是如此。在某處屬於永恆的地方，比我們先到的靈魂正等待著我們；當我們所愛的人，跳過人生的最後一層障礙到達彼方時，這些靈魂會舉起雙手歡迎的。

所以沒有機會道別的爺爺，以及在我未出生就去世的奶奶都在那裡；我認為愛像靈魂一樣，是世間一股最強勁的力量，而且它會永久的持續下去……

所以，如果妳們要和媽媽道別的時刻來臨時，我希望妳們能記得前面的話：我不以為死亡是件可怕或結束的事，反而就像回到故鄉或懷念的地方一樣。

女兒的想法

「死」是很自然的事，我並不害怕死亡；但是，仍然認為能沒有痛苦、自然的死去最好。

——薇薇

小時候，會在半夜時醒來偷偷的哭泣，因為對死亡產生了莫名的恐懼，但是現在已經不害怕了！

從前以為「死」是一切美好事物的終結，現在卻把死當作人生的延續；從另一種意義上來看，死是另一個階段的開始，也是另一種的「生」。

總而言之，人不免一死，所以應該把死亡當做正面的意義；我認為那是人生最後一塊未經開發的處女地。

——茵茵

說不出一個所以然來，我對死亡極為害怕；雖然一再努力卻除對死亡的恐懼，但是內心依然存在。最近有一位好朋友去世了，每當我一思及這件事心裡就害怕。

——達達

沒有人能真正灑脫地接受「死亡」這件事，但千萬別因為恐懼死亡，而忘卻活在當下。

——茵茵

Chapter 6. 生存的勇氣

——不論是誰，隨時都要面對挑戰

相信奇蹟的人，會使一切變為可能。

——柯雷・聖伯納

上次大家一起照顧生病的兔子時，不禁令我想到最敬愛的爺爺的口頭禪——「給他挑戰的機會！」

即使爺爺遇到十分絕望的時候，也一定會這樣說，同時這也是爺爺的人生信念與思想基礎。

例如，當動物生病送到獸醫院，即使寵物已經病入膏肓了，醫生建議最好安樂死，但爺爺仍會給予牠生存挑戰的機會。

絕望時千萬不要灰心，應該有再嘗試的勇氣，這雖不是對一切都適用；但必須相信自己堅強的生命力，也應該相信奇蹟！

我的母親，也就是妳們的外婆，對社會上的失意者，有一份特別的憐憫心；所以，她比起自由女神絲毫不遜色呢！

她把殘障的孩子、因貧窮而挨餓的孩子集體照顧，給予他們生存戰鬥的機會。

外婆憑著自己堅強的意志，對這些人儘量予以協助。由於受到外婆的鼓勵，不知道有多少人重拾再出發的勇氣，並找到了生存的意義。這一切都是由於她不屈不撓的精神意志，而引導他們戰勝所謂的命運，自信心也自然湧現！

有一次，我向父母提起一位患了脊椎癌而垂死的朋友，醫生認為使病人從痛苦中解脫，才算是仁慈的做法。

父母卻回答我說：「只要這個人還活著；就應該給予他為生命挑戰的機會！」

過了一段時間，這位瀕臨死亡的友人竟然奇蹟般的恢復了健康，我還和他一起共進午餐呢！連醫學雜誌也報導了這項奇蹟，他是極其罕見的脊椎癌康復者。

我問他奇蹟到底是如何發生的？

他說：「醫生本來已經束手無策了，生命似乎就危在旦夕。突然某天晚上，我在無法忍受的痛苦之下，對命運的殘酷勃然大怒，於是決定要和它一決生死！反正我又沒有什麼損失！」

經過十五年後，到現在為止，他的脊椎已完全康復，這一切都是因為他牢牢地抓住了對生命挑戰的機會！

成為有同情心、有信念、有智慧的人

關於抓住挑戰的機會，主要有三個關鍵要注意，即——同情心、信念和智慧。

「同情心」——就是在毫無勝算的情況下，對於我們面對的一切，也都應該給予生存機會的想法。

「信念」——則是相信奇蹟一定會出現，不論多麼艱難，都不應畏懼的全力以赴！

「智慧」——即代表對事情的清楚認知，如果自己放棄了挑戰，那麼勝利將永遠離你而去，所以一定要支持下去，才有可能出現光明的遠景。

茵茵，妳對生病的兔子悉心照顧並給予餵食、撫摸，這也就是給了這隻小兔子「挑戰」的機會！

雖然兔子最後還是不幸的死了，而妳到現在仍一直為這件事感到難過；但妳已經給了牠愛及同情心，媽媽知道妳將來一定會對其他人或事有同樣的做法，使對方能從艱困的環境中，獲得再奮起的生存力量！

媽媽到目前為止，看過不少的奇蹟。由於奇蹟的出現，有的人不但治好了已經絕望的病，同時也治好了絕望的那顆心。我親眼目睹他們和不可能的事挑戰，因為他們堅信奇蹟，且生出「戰鬥」的決心。

媽媽希望妳們不但要能給予人「挑戰的機會」，同時也要擁有「自我挑戰」的勇氣！

成功機率的多寡並不是主要的重點；人只要相信有希望，且認真的朝著目標努力，希望與光明的前途一定會到來。然而，並非萬事萬物都只是依循如此簡單的規律運行罷了！

女兒的想法

我相信奇蹟！不久前哥哥發生了一場嚴重的車禍，我們本來已經絕望了，但他卻大難不死；所以我認為無論如何絕不能喪失希望及信仰，哥哥之所以能保住性命，都是歸功於此。

——茜茜

Part 2

愛的手札

1. 「男女平等」的意義
2. 美好的搭擋
3. 「愛」永遠是個熱門的話題
4. 「性」的正確觀念
5. 如何獲得幸福的婚姻
6. 對愛人的期盼

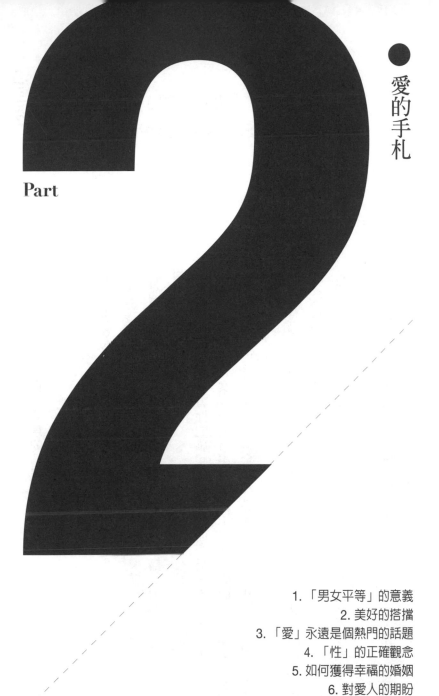

Chapter 1.

「男女平等」的意義

──為彼此堅強、脆弱都能接受的靈魂而結合

任何人皆不能在你不同意的情況下貶低你。

──羅斯福

男人和女人，究竟哪一方表現得更出類拔萃？

這是為人們所談論的話題。自古以來，男人總有要比女人高一等的心態；有關此點，身為女人的我們雖然不會大聲爭辯，但心中卻始終對自己有自信。

事實上，女性在某方面的確勝過男性；而在另一方面，又不如男性。例如，男人的體力是女人先天所不及之處；但女人的耐力又比男人堅強許多。正如男人是英勇的獵人，但食物卻必須經過女人細心的烹調，才能顯出美味！

曾經有過一切由女神主宰的時代，對於創造生命，就如同母親一般的女神，受到神聖的崇拜，那是一個完全以女性為主的世紀。

但是，當人們意識到女人懷孕也必須經由男人的精液才能達成時，男性某方面的優越感便在作祟了。

從上古時代開始，女人就司職孕育的責任。一旦懷孕，就不能過於勞

累；同時，生產對女人而言，也是一項非常沉重的負擔，所以我們才會被社會上某些運作屏除於外。當然，這也有例外的情形，亦即有少數女性會為了打破舊有傳統而大聲疾呼，如桑德等人，然而這種例子究竟不多。

女人為什麼願意屈居「第二」？

坦白說，這也是因為女性毫無選擇所導致的結果；因為女性從小一方面就被塑造為服從的角色，要默默的逆來順受，另一方面又像擺在桌案上的裝飾品一般，一直遭到漠視。

不必接受太多的教育，也不必承當社會的大風大浪，只要能輔佐男人，使他的事業地位獲得滿足，就是女人一生最大的成就！

在這甘居第二的歲月裡，我們千萬不能認為人生是白活了；因為女性在這個過程中，已經得到極為珍貴的經驗！例如，細心、堅強、誠實及耐心等等，再加上摯愛著我們的另一半——雖然他們總是低估了我們，但我們真的學到了不少東西。

女性對自己所欠缺的能力，能夠巧妙的截長補短，並隨時充實自我；對日常生活常識往往憑著自己的判斷就能立刻處理；另外，女性還須負起教育孩子的責任。所以，實際上女性是不分晝夜的工作。這種能耐，不只在日常生活中，即使在工作崗位上，也頗有裨益。

那麼，為什麼一直到現在，絕大部分的女性仍願意屈居「第二」呢？難道是那麼易於滿足自我，自認為沒有必要追求更好的發揮嗎？或許，是為了自身的利益才這麼做吧！讓男性揚揚得意，而自己卻願意吃虧；女人是因為這樣的理由而屈居第二的嗎？

還是，我們一直畏縮、逃避，所以到現在仍顯渺小，不管男人提出什麼無理要求也不敢吭聲，只能偶爾嘮叨幾句罷了！

女人可能從來不曾寫過什麼舉世聞名的歌劇，也沒有畫出不朽的名畫，更很少有偉大的發明；但是，女人卻是培養出完成這些工作的人的母親呢！雖然處於各種不利的條件下，女人的內心依然擁有扎實的感覺──至少我是如此認為。

女性自認為不輸給男人的自信心，是有其具體依據的。我們清楚的知道自己擁有臨機應變的能力和耐力，而且深深地了解男性；因為女人扮演著男人的母親、姐妹、女兒及伴侶等角色，自然了解得十分透徹！

正如男人了解自己的特點，同樣的，我們也看清他們的弱點──需要一板一眼的行事，及揚揚得意的受別人誇讚；更知道他們有時會像被寵壞的孩子一般亂發脾氣呢！

因為無論如何偉大的人，也有穿錯褲子、忘了襪子放在那裡的時候；這時，如果能立刻接得女人細心的協助，必能解決不少煩人瑣事。

愛的力量，可彌補雙方的弱點

此後又會有什麼樣的發展呢？如果現在我們讓所有的女子全副武裝的進入競技場，那麼，相信不需多久，整個技場就會變成天翻地覆的大波動，使原本屈居第二的女性向自認第一的男性挑戰，而平分秋色嗎？

不！當然不！我並不希望如此；只要有一個完全屬於女孩寧靜而平和的生活空間就夠了！難道不是嗎？男女雙方彼此伸出友誼的雙手，不只是為了互相了解，並且也能將對方的希望、恐懼、夢想及弱點等全部予以接受，共同攜手創造更完美無缺的世界，那麼，誰勝誰負都已經不是重點之所在了！

可能到了妳們的年代，會比現在更加巧妙的建立男女之間的感情，彼此相愛的力量及寬容彼此的缺點更為堅強；如此一來，雙方的敵意便可完全消除，進而融合為一體。

真心的結合，就能開創出更美好的世界。據非正式的調查顯示，百分之五十的女性，將自己的優點深藏內心而沒發揮出來，一般將此認為這就是女人的美德，我想這是錯誤的觀念。靈魂與靈魂的結合，在有了孩子之後，便使人活在更喜悅的世界裡。

與其咒罵黑暗，不如趕緊設法點亮一盞燈。我想，在妳們的時代裡，妳們也許會擔任第一枝火柴的偉大使命，但願妳們能穩穩當當地點燃那第一盞明燈吧！

女兒的想法

女性比男性更出色！因為我自己本身就是女性；但是坦白說，不論男女，都各具特色，所以實在無法用片面的言語來論斷優劣！

——茜茜

Chapter 2. 美好的搭擋

——能改變死鑽牛角尖的男性，就是最溫柔體貼的女性

我喜歡具有男子氣概、健康強壯且富幽默感的男性！

——莎岡

由於女性對男性往往有過高的期望，以致變成對男人的一種傷害！「男人永遠都只是小孩子！」、「男人所玩賞的東西，只不過比小孩的玩具更昂貴罷了！」、「一點男子氣概也沒有！」等等不公平的看法，我認為也應該有人為男性提出辯護。

男性和女性在很多方面是完全不同的——慾望、狂熱、能力、自信心等方面都不一樣，這些先天上的差異，以致形成彼此之間有一條無法填補的「鴻溝」。

重要的是，對於女性的另一半——男性，我們絕不能給予過度苛求的評估，也不要讓彼此產生誤會，要和他們一起融洽地生活、相互敬愛，透過一生的時光和他們坦誠相對，盡可能去了解他們。如此一來，才有可能和他們攜手共創美好的未來。

男性受到「不可輕易表達情感」的束縛

尤其容易造成男女之間問題——就是男性一直受到「努力追求事業上的成功是一生唯一目標」的教育。因此，把一切的精神集中在追求成功的標的，如果事業成功了，才能肯定人生的價值；萬一不幸失敗了，那麼就認定自己是一個徹底失敗者。

然而，這些僅只是片面的人生價值而已，人們反而容易忽視了真正的生命意義——人格的提昇、道德的充實以及幸福的感受等等。

全力以赴地邁向成功之路，這本身並非壞事，只不過盲目的追求這目標，反而犧牲了人生其它的寶貴經驗，這對你我而言、都是相當遺憾的。並且隨著野心的擴增，反而促使我們產生了極端緊張的痛苦。

達到成功的志向，一般從小就隱藏在潛意識裡，並且隨著年齡的增長而逐漸強化；所以無論在時間或精神上，都消耗很多精力在這方面。隨著不斷成功的經驗，也愈來愈高，到最後可能演變成無窮無盡呢！

受到社會上一般人的成功價值觀及本身的野心所鞭策；久而久之，導致人生中除了工作外，再也沒有其它事物可追求了。

再加上，他們受到「事業成功便能獲得女人青睞」的教育；關於這一點，坦白說就是男女之間障礙的主要原因！

造成障礙的第二個原因是——男人不可輕易地表露出感情的教育，即使年紀還小，只要是男孩子就不可輕易落淚，一定要成為堅強的小英雄才行。不受感情的支配才顯得有男子氣概，所以，有豐富感情的男性常會有和同性相處的困擾！這種情形，坦白說是讓男性背負十分沉重且不公平的十字架。

在這種情形下，使得男女雙方好像都吃了悶虧，而且對男性而言，更成為一種壓力——不能流出淚來、不可表露出悲傷及害怕，而高興時，也不能失態地盡情歡呼。

如果有強烈的感情想表達出來，對一個男人而言，是失格的表現。心事無法向親朋好友表露商量，這種情形你能想像嗎？所以，我們應該停止再對男性施以這種壓抑。

如果男人和女人戀愛，會有怎麼樣的情形呢？在沒有經過任何訓練的情況下，突然如怒濤般的感情排山倒海而來，男性由於從小的觀念灌輸，以致感到不知所措；但卻又不能不坦率的表白出來，這種「進退維谷」的為難情形，實在非常普遍。

坦率地說出心中的感受，是最討人喜愛著迷的；而這些或許都不符合他們一向被要求的男性形象。換句話說，男性被期望的一切都是與此相反——無論如何，一定要堅強、要成功的信念早就被根植在心中了。

讓他們知道「女人並非禍水」

在現今社會的一般現象，男性往往對他們的另一半，也就是我們女性，採行不信任的態度，而且更諷刺的是，真正這麼教導他的，卻都是他們的母親。她們會這樣勸戒兒子：女人是禍水，為了抓住男人的心，往往佈下天羅地網，強迫男人和她們結婚，而往後一生就受到女人的控制了。

此外，一般吸引女性只要有金錢及外貌即可，反而為愛情獻出的忠誠、責任等條件，此時卻變成一無是處的東西。在經年累月的感染下，有時連自己也都有這樣的傾向！

「那麼女人到底該怎麼做呢？」——妳們一定會有這種疑問吧！

首先，要好好的聆聽他們的傾訴，並充分加以了解。其次身為女人的我們，不能因為男人獲得了不起的成就才愛他，而是因為他們本身的性格真正吸引妳才愛上他們，這是女性應該確實了解的一點！

雖然有些男性仍緬懷過去的「沙文主義」（即大男人主義）；但身為一位成熟的女性，則應該以體貼、坦率的態度來對待他們；同時，我們若能以此態度來教育下一代，那麼，相信我們下一代能表現得更傑出！

女兒的想法

我認為男人是世上最好的伴侶。

——薇薇

我想在媽媽您的時代裡，一定不像現在的男女有這麼多的溝通機會，而目前我也有好幾個可稱為男朋友的異性朋友。所以不論男女，我認為從過去的時代起，就逐漸趨於自然而真誠的了。

——茵茵

Chapter 3.

「愛」永遠是個熱門的話題

——愛是富有冒險、熱情、神祕、無常及喜悅……

有關「性」方面，要對小孩子說明；
為什麼大人總是不肯加以解釋呢！

——無名氏

我想就「愛」這方面做一番說明。

在整個世界上，沒有比「愛」更溫暖的泉源，而且更是人類所能承繼的最深刻經驗！

「愛」使人生氣蓬勃，可擴大人生的視野，使人學習溫和與寬大的美德；甚至我還看過超越人類生命奇蹟的例子。他們對於困難一點兒也不屈服，因為心中有愛的人，彷彿有如鋼鐵般的堅強意志！

我認為對年輕人而言，最棘手的問題是，不知如何分辨時下的誘惑、瘋狂或是真誠的愛？該如何辨別呢？例如，在妳們人生的旅途上會遇到很多有魅力的男性；當然，此時女性在與生俱來的性魅力下，只要有所表示，應該就能獲得回應，換句話說，「刺激」會立即到來。

但是，真正的愛並不是那麼單純的事；那是一種無從捉摸、又不易具體說明的感受，更何況，愛的滋味就正如「如人飲水，冷暖自知」般的無法拿出來比較。

當一個人瘋狂的戀愛時，有時會誤以為這就是真正的愛；但是，就算愛得轟轟烈烈，一旦在時間的考驗下，有時也禁不起外來的衝擊而無法持續長久。顯然的，這只是一時肉體的結合罷了，就算有時會和真正的愛混為一談，但是卻會隨著時間的流逝，而逐漸消失！

要分辨真正的愛或只是一時被沖昏了頭的戀情，最有效的方法便是——多多利用時間考驗。正如「起初充滿結婚的憧憬，而後卻漸漸後悔了！」這句話所言，是含有對世人警惕的意味！隨著歲月的增長，愛能使人變得更加堅強，也能讓人產生失調的情況而中止這段戀情；所以，人與人之間感情上連繫是否為真，在平時就可辨別出來了！

賦予自己真正的愛

但是實際的困難是——真正的愛究竟如何？虛偽的愛又是如何？坦白說，如果沒有經驗過是無法了解的。只是聽別人的教導，或書上的描述，是無法實際去辨認的。也許心裡會產生「我愛眼前這個人！」的想法；但這並非就表示你在戀愛，有時只是對對方純粹的好感而已。而這種想法，與兩者之間的差別，除了自己親身體驗之外，是無法言喻的！

不過，真正的愛一定有幾種特點可供辨認；如果心中有了愛的感覺，一定要先自我審視一番——

1．正直

妳在那個人的面前能坦率直言嗎？是否會有一些虛與委蛇的舉動呢？他是否真的了解妳？或只是妳自己所想像出來的假象罷了？不過，這些事情只有妳自己才確實知道。

不幸的是，長年以來女性受到不能對心儀男子坦率表露感情的教育；女性在感情上，能充滿自信的在他人面前表白嗎？還是怕這麼做反而會失去他？

2．協調

他和妳有同樣愛的感覺嗎？或只是單方面的愛，而另一方才以情感回報而已？

我並不認為所有東西一定要共同分享才叫「愛」；只要凡事替對方著想，能不吝惜的為對方付出，這才是「真愛」的最高表現！

不論大、小事都能彼此協調，就如同城堡中的磚瓦，必須一塊塊的堆積，而「協調」就宛如可使磚與磚之間更加穩固的水泥一樣，越是經過時間的累積和考驗，越能顯出所築的愛守如城堡般的堅實。

3．成長

他與妳之間的連繫，是否與時俱增，且更加充實而美好呢？真正的愛能夠產生出非常高的熱能；因此，不是一加一等於二的法則可以計算的，而是可能會產生出十倍的力量！

能讓雙方的感情維繫下去是十分微妙的關係，透過人生的浮沉、經濟的好壞、身體的健康與否？及命運的乖舛等，都能毫不影響你們之間的感情，這也就是能使你們倆人成長的愛。

4．憐愛

或許妳會認為這是個奇怪的問題——妳會本能的對自己心愛的人加以保護嗎？同時，他也會以同樣的心情來對妳愛護有加嗎？

這個簡單的問題，到底會有什麼答案；我認為這對於妳和他的人生旅程中，是非常重要的！

5．安詳

愛能產生無法言喻的體貼和慰藉！例如，就算不交談，彼此間也都能相互了解，只要心愛的人能在身邊，心中就能獲得安慰及勇氣；只要想到我在社會上的存在價值，就不禁會流出喜悅的淚水；這種心情是超越了「性」。換句話說，一定要有這種安詳的感覺，愛情才能開花結果。

對於相愛的男女所說的情話，我已經聽過不少——其中尤以「我做夢也沒有想到，人生的旅途竟能如此坦蕩、安詳、充滿安慰！」為最佳。

在沒有盼望、理想的生活下，人會不由得緊張、生氣或疲憊；如果其中有真正愛的連繫，感情道路上便能彼此充分體諒，也因此才能感到心滿意足。

美好的愛——是培養友情的基石

愛能讓人成長，並且幸運的，它不會驟然消失；但是要考驗是否為真心的愛，便要靠時間及熱愛來證明，也就是要毫無保留的奉獻。

愛爾蘭詩人托瑪斯・摩爾，把「愛」用以下的詩巧妙地表現出來。這首詩是描述一位患了肺癆而失去美貌的妻子，為了怕失去丈夫的愛而離開丈夫，下面即是丈夫寫給妻子的詩——

相信我吧！今天我以愛使妳呈現美麗容顏
就算明天會改變
如同妖精賜予的禮物，如夢幻般地消失
妳是我的寶貝，愛是永恆不變的

美麗的容顏，隨之變化吧
我的靈魂將化為青藤，纏繞著妳的廢墟
熱烈的想妳，不論美醜都一樣
就算妳的臉被淚水浸濡，也不會改變

不，我們知道真愛為何？且永遠不會忘記
只有永恆的真情不會變
正如環繞著陽光的花，當陽光西沉時
仍舊在第二天再度昇起
花的香味，也永遠都不會改變

雖然這首詩很古典，但真情流露十分令人感動；我認為詩人在寫這首詩的心境，到現在為止，仍沒有一點兒改變。但是，由目前的高離婚率來看，人們似乎再也不相信有永恆的愛了！

在愛情中要做個聰明的選擇，看來似乎平凡無奇；但首先要先對本身詳細的了解，同時也要有所嘗試，充分的發揮直覺，以了解自己真正愛的性格；如此，在心理上自然而然的會被引入健全的情愛之中。

花費時間去思考是必要的，只要自己能學習，必然可獲得成長；而積聚經驗也十分重要；彼此都能仔細觀察，方能做出正確的判斷。

書本上、電影裡和小說中，多是只要男女主角彼此注視，便立刻迸出愛的火花。然而實際的生活上，坦白說，一見鍾情的情況可說少之又少。大體而言，多是由友情萌芽後才逐漸產生愛意的；雖然有時候對某個人會突然產生迷惑，但這只不過是剎那間的錯覺，如果更進一步的了解，就會有許多令人驚訝的事情產生。

一面戀愛、一面分析實際的情況——世界上沒有十全十美的人存在。每個人對自己的感情大多是盲目的；但是，如果愛是真誠的，那麼在不久的將來，就會有真正的友情出現。仔細想想看，如果和不能成為知心朋友的人過一輩子，那該有多悲慘啊！

所以，我對妳們的建議是，和他人之間的關係，自己有什麼樣的感覺，要仔細的觀察。每個人都一樣，一旦陷入情海之後，腦中就顯得渾沌不清。但是不久後，如果是理想的戀愛關係，心情應可獲得安定，而不只是一個人的感覺；只要一想到兩個人，心境就能更加堅強，如果能用精神與精神牢牢相連，心情應能獲得滿意的安定。如此一來，不管遇到什麼樣的情況也不會分離。

或許，妳們不了解我說的是什麼意思；但這究竟是人生中最值得高興去學習的經驗啊！

兩個人自從戀愛之後，會遇到各種經歷，如同冒險、熱情、神祕、空虛、快樂而後完成等等。

我一直希望妳們能找出自己獨特的風格、堅強以及屬於自己的女人味，然後再以最好的方法選擇自己心愛的人；同時，心愛的人也能對妳有深深的愛及體貼的對待妳。

女兒的想法

戀愛可使每一個人幸福，這意味著兩人相處，要彼此互信才能共同創造出一片天空！

——茜茜

戀愛中最大的困難是，無法分辨愛情和其他感情的不同。真正的愛和一見鍾情也是難以區別，到底該用什麼方法來區分呢？真是傷腦筋啊！

「喜愛這件衣服」及「喜愛你」是有相當的差別，但一樣是「喜愛」；屬於長時間的「愛」，到底含有哪些意思呢？難道沒有任何定義嗎？

——茵茵

Chapter 4.

「性」的正確觀念

——相互了解、孕育愛情的自然行為

性和呼吸、飲食一樣，屬於自然的身體運作。

——威廉・瑪斯特

「性」對我們人類而言，是極為重要的；然而從小，父母往往隱瞞有關這方面的知識。由這一來看，可說是一件令人遺憾的事。對這一點較有自信的我，看到社會上如此奇怪的現象，也不禁感到有些不知所措了！即使是對孩子們來說，處在開始對性好奇的重要階段，他們也不願父母來加以干涉。

當一個孩子在五、六歲時，會不停的詢問父母許多問題。到了十來歲左右，就會得得意揚揚的向其他小朋友誇耀他所知道有關「性」這方面的知識；但是到了十三歲之後，有的小孩一聽到有關這些事的內容，就會屏息凝聽；也有的當母親談起有關戀愛及性的話題時，就會藉故離開，因為她們在心理上不敢和父母親談論這類話題。

當我開始寫這些手札時，知道妳們對男孩子有很大的興趣；除此之外，關於「性」妳們有何具體的看法，我就無從得知了。因為每次一提到這方面的話題，妳們兩人總是找藉口離開。我不知道到底是哪裡說錯了？

是說得方式不好？還是哪裡不對勁？

有一陣子，我對這件事一直耿耿於懷！當媽媽年輕時，這方面的事別說討論了，就連想都沒想過。當時社會上的一般人總認為，有教養的女孩，對性方面的事是絕口不提的，不但無法知道，更遑論討論了。

所以，當時一般的女孩對這方面不能抱有積極的態度，只能一心一意以被動的心等待男性來追求。也可說是在無法捉摸的情形下，懷著一顆忐忑不安的心過活；雖然心裡一直想對性有更一步的了解，卻在隱隱之中覺得有罪惡感！

當時，關於性方面的知識是無從得手的；不像現在，隨便在網路上、書店、圖書館，都能找到關於這方面的書籍。

道德、宗教、雙親及社會的壓力，女孩子可說承受的壓力比男孩子還多——對女性嚴苛、對男性寬大；因為社會上存著這種雙重的道德標準。所以男性如果尋花問柳，甚至還因為可獲得性經驗而受到鼓勵呢！但是女孩子則絕對禁止；這種不公平的待遇和看法，一直都無法改變。

過去的男人享有一切特權

在此，我想到社會上另一種普通的觀念——那就是男子擁有特權的問題。到底是他們本身真的想要，還是並不如此希望呢？而女性卻只是對他們的行為寄予同情，一心一意的順著他們；只要是男性，女性就應以崇拜的眼光看待！

智能、性感、知識等條件的多寡，這一切似乎都不是重點。總而言之，只要對方是男性就必須恭維他「你很有男子氣概！」女孩子一向受到這種教育，也就是反覆的以這種讚美，使男性感到舒暢得意。不斷的說一些崇拜、拍馬屁的話，讓他們在眼中露出非凡的神采，這麼一來，他就會喜歡妳，進而想和妳約會！

這樣的做法簡直荒唐；也就是說，我們對一個沒有任何認同的人，也要小心的侍候著、浪費時間陪他、說些假話使對方高興……等；直到最後才了解，原來對方是個多麼無聊的人！

為什麼會有這種近乎欺瞞的現象呢？

可能是因為十多歲的女孩和男孩，對於性的看法有很大的差異。十多

歲的女孩到自前為止，一直部將親密的感情與性連想在一起；但是男性卻只有「實際」經驗的想法而已

女孩不會和男孩子一樣懷有同樣的慾望及興趣！因為這個年紀的女孩子，心中仍抱著羅曼蒂克的美夢，大多數的女孩多半如此。

但是，這種不平等的現象是不會永久持續下去的。因為男孩也好、女孩也好，當身體皆臻成熟而到需要追求喜愛伴侶的年紀時，就會轉成平等的態度了。總而言之，十多歲的男女在想法上，是有一些差別的！

為了能安然度過這一段危險期，如果能有祕訣該多好；可是到目前為止，還沒有這一類的資料可提供。關於性方面，要選擇什麼樣的方式去了解？該如何選擇？希望在我所談論的內容上，能對妳們有所幫助。

憑直覺判斷他的性情

想要和某一位男孩子親近時，妳們要如何決定？是否也以選擇同性朋友的方式？要知道，這種事情是知易行難的。因為在妳們這個年紀的女孩心中，總是只想和男朋友交往，而不管哪一類型都可以；以致男孩子此時已成為妳們未來的憧憬，以及最有興趣談論的對象。這和同性女孩子之間

的交往是不同；充滿魅力、浪漫的約會，遂成為對女孩子的一種誘惑！

我要忠告妳們的第一點是：必須信任自己的直覺，觀察一個人的善與惡、聰明與輕浮，要憑直覺去判斷，以求確實明瞭；對於自己由心裡發出的這一種微妙的迴音，可要豎起耳朵注意聆聽哦！

如果有「令妳擔心」的情況出現時，對於這個男孩子則要儘量避免和他發生瓜葛才好。如果憑妳的直覺認為「他很令人不安！……」時，趕緊把船舵轉向吧！需知心底的心聲是最能保護妳的利器。

不論男或女都一樣，如果能達到交往的階段，那麼人生及其他的抉擇也都能輕易的去完成。社會上有可信賴及不可信賴兩種人，如果和值得信任的人在一起，妳的人生一定會充滿安全感；否則，經常受到無謂的煩惱及困擾，將使妳的人生糟得一塌糊塗。

所以，要盡快培養判斷人的性格之能力及眼光，且尊重自己的抉擇。如果能以這種心態去追求人生，那麼選擇男朋友就和選擇女朋友一樣，皆必須注重性格方面的契合。

仔細的看、注意的聽，同時看準實際的生活；如果想和朋友見面，或出去玩時，應多聽聽他所說的話，和他的行為舉止相互對照，如此才能對他做正確的評估！

「性」是真愛的結果

應該在什麼時候產生「性」的經驗呢？關於這一點，實在很難說明清楚。要在何時以及什麼程度的交往情況下，固然要因人而異；但對個人來說，在最適合的時機，和最適合的人一同進行經驗，似乎是唯一的答案。而對於伴侶的選擇，則必須是能真正了解妳、有真正感情的異性才可以。

至於來自社會的壓力，該如何應對呢？雖然性只不過是和呼吸、飲食一樣自然的行為，可是也不是件單純的事。

對於妳們這種年齡的孩子來說，會對這方面的事感到不可思議及無法了解。以現代的觀點而言，妳們也不會有「性壓力」的困擾，在這些情況下，對抗壓力的最有效辦法是——承認性的自然，同時對壓力的來源更要仔細去探求。

妳們這一代年輕人最主要的問題是，有關「性」的選擇上，已經脫離了順其自然的發展，反而降格為實際的行為罷了！

從前我們對男女交往的真正希望是——能獲得有意義的親密關係；但

是，到了妳們這個時代，這種關係好像已成為男人與女人之間唯一的連繫關係。關於這一點，我認為會帶來很大的衝擊，不僅無法鞏固男女間的關係，甚至會因而產生疏遠。

所以，十幾歲的女孩子，為了不讓自己在性的航行中迷失，應該把男孩子也當作女的朋友一般去了解他們，這才是最理想的處理方式。如果沒有被逼到對性的選擇情況出現，就可以透過和他交往中，而對自己本身有更深刻的了解；當然更能由此了解男性，以及他們在這一方面的看法了。一旦男女之間發生了感情，在自然發展的情況下，通常會慢慢走到性的領域裡。

如果對方要求與妳發生關係，但妳仍懷有不安、不願時，那麼妳就應明白，自己尚未遇到可以共享性經驗的對象。另外，如果妳認為無法適應對方的步調來進行時，那麼，就應依照屬於妳自己的步調來進行吧！

「性」是一種與他人分享自己身體的喜悅，只要真正有深厚感情的人才被允許；也只有在自己真正心甘情願及樂意時方可進行。如果只是因應四周人，以好玩的心情來期待，且對方也以這種心態向妳強求時；我認為在這種方式下，是不可能得到喜悅的！

先和他培養出友情

化學、物理等科目，只要能認真研讀就能理解；但是「性」卻不同於此。對「性」的了解，需要直接的接觸，才能獲得真正喜悅，而且這裡奇妙的感覺，對於一個人的成長是有所助益的。

如果想學有關性方面的知識，花上一段時間是有必要的。如果能以友情的心靈連繫為基礎，再培育出性的親密關係，可說是最自然的進行方式了，絕不能將「性」當成遊戲來看待！

坦白說，在目前不論和誰發生關係，對妳們來說都是不適合的；但是，現代的年輕人，卻往往為了向朋友炫耀而陷入盲目的想法，總認為自己無論如何一定要有這方面經驗才有面子。聽憑自然的發展、不受任何壓力，才是真正美好的性觀念；如果由於這種想法而被認為趕不上潮流，那也是無所謂了！

上面所說的一切，希望妳們能了解媽媽的「一番苦心」。如果妳們還想對「性」有更進一步的探討，首先就要對男孩子有充分的了解，接著由培養友情開始，最後才能考慮是否成為性方面的伴侶。

如果一開始就遇到渴望性方面需求的情況時，那就表示很危險了！有些男孩子，甚至認為沒有性就沒有愛，真是荒唐！我們應該在充分準備的情況下迎接「性」，而不要隨便被捲入性的漩渦中。換句話說，應該培養等待適合共度人生對象出現的耐性，讓一切都能順其自然的發展。

女兒的想法

心裏確實很擔心；因為什麼都不懂的我們，卻常常聽到各種奇怪的說法。有時老師由醫學上的立場來談論這方面的事；另外還有色情電影及黃色小說也經常出現一些令人心驚肉跳的畫面；以致在我們心中，對「性」存有一種卑鄙的想法。

在我們的內心世界裡，對這方面可說是一片混亂。

——薇薇

「媽媽？我是從哪兒來的？」、「是大鶴鳥把你送來的啊！」請大人不要再以這種無聊的說法對小孩解釋了，好嗎？我認為大人應該說實話。

——茵茵

我認為性是屬於兩個人之間的事，不需在公眾場合公開，也沒有必要讓所有的人都知道，因為這種事是個人的祕密！

——茜茜

我想「性」的經驗一定是很美的；但是，一定要選擇適當的時機和適當的人進行。有的人在十五、六歲就成熟了；而有的卻要到二十歲之後，身體才會完全成熟；甚至有的人要等到結婚後，才對這方面產生興趣。

雖然有些人還存有傳統的道德觀念，對於「性」充滿驚恐的感覺！但是，我認為現代比過去的人，在性方面，更能以正確的眼光來看待。

——茵茵

Chapter 5.

如何獲得幸福的婚姻

——如果和他共廝守，
能得到「成長的喜悅」及「分享的喜悅」嗎？

無論是幸或不幸；富貴或貧賤；
生病或健康，直到死亡將兩人分開為止，
我願遵守誓言——相互體諒、此情不渝！

——婚禮誓言

當我年輕的時候，關於性方面的事是絕口不提的，而且視為祕密。那時許多女孩因為對性一時感興趣，反而導致了錯誤的婚姻，結果還須勉強地說：「這是為了愛而結合……」

由於厭惡自己的家，為了離家而採取婚姻的手段，或是因為想快點成熟而結婚；也有人會以女孩子總是要嫁人的；或是父母為了早點兒抱孫子；甚至因一個人毫無謀生的能力而想找個長期飯票……等理由而結婚。

於是有超乎想像多的人，因為觀念的偏差而盲目結婚，最後終於嚐到悔恨的苦頭；也許是離婚、也許是因為孩子的原故，而忍受維持婚姻現狀的痛苦……而這一切苦果都要由自己來承受！

美好的婚姻，能使生命獲得加倍的喜悅

坦白說，在妳們這個時代是最容易、也是最有希望看到完美的婚姻；難道妳們不認為這是一個美好的未來嗎？「婚姻」的演化歷程，是經過長時間的演變，仍然存著數不清的優點及好處，所以才能延續至今。

到底結婚有什麼好處呢？現在就針對這方面作一番探討。

1．「一體感」的感覺

如果能由內心深處契合在一起，這樣的夫婦在面對辛勞及不滿時，絕對不會產生動搖，而且能不斷的調適以維持愛情。「廝守一生」才能有結結實實的感情，以及令人心滿意足的婚姻。

雖然要用言語說清楚並不容易；但是能和另一個人一起生活，彼此學習與成長，確實是一件令人快樂的事。要使彼此獲得更多的了解，語言並非唯一的方式；若能長相廝守且不覺無味，反而更能獲得珍貴及豐富的經驗，這種歷程難道還有別的方式可代替的嗎？

2．結婚與性

結婚時，性的對象是自己所選擇的，而且在精神上也是自己所深愛的

人；在這種情況下，經驗性，和其他時候的經驗相比之下，前者當然美多了。妳和妳的丈夫之間，能藉著親密自然的關係，更加了解性的奧妙，並且從中獲得更大的滿足。

婚後，性的觀念會隨之改變。的確如此，但是我認為會朝向更好的方面改變；雖然一時的新鮮與興奮感會慢慢冷部下來，但是慾望與喜悅卻是永遠不會消失的！

彼此相愛的兩個人，在他們漫長的歲月中，有時也許有火辣的熱情；而有時則是溫柔體貼、相互慰藉；甚至只要能相互依偎就心滿意足了。當然也有其他不測的情況發生，但即使經歷了各種艱難，也不會使兩人的情感發生變化，反而會更加鞏固呢！

3．立場的抉擇

對一個男性而言，要讓自己安定下來，不管是依現實的立場來看，或是以學理的觀點來說，都是一件令人感興趣的話題。

總之，自己一定要能自主的接受這種情況；否則若是自己想這麼做的事而心中卻感到害怕、猶豫，甚至不以為這樣會更好的時候，那就不要勉強自己這種情況了。

如果不顧一切地踏入結婚的殿堂，那麼妳們有可能會有苦頭吃的，或許也有可能獲得安定及幸福的滋味；這一切就取決於妳及妳的丈夫是否能在具體的生活或精神上合而為一。

所以，兩個人的力量、智慧及理想都要相互配合，如此一來，就可以創造出屬於你們兩人的未來了。

結婚之後，能把兩人的精神及立場結合為一，相信就能克服人生歷程中所遭遇的不幸及困難！因為，這是世上最強有力的連結。

我曾經和妳們的父親大吵過，後來兩個人也都頑強的不肯低頭、互不相讓，把想說、該說的話都罵出口之後，兩人瞪大著眼在臥室裡僵持，卻沒有一個人想先離開。

最後他開口了：「現在妳知道情況了吧！我們兩個都不願意走出這裡，因為走出這裡，就代表真正決裂了！」

這的確是事實，彼此之間的連繫、彼此之間的情愛，確實比眼前的憤怒更為重要。

從那一次之後，他所說的每一句話都顧及我們雙方的立場及真情；雖然仍會遇到不少破壞的壓力，但是在「愛」的前提下，一切都能一一化解開來……

4．成長

有人說婚姻到最後都不免會倦怠，這些人的論調是，「沒有人能一輩子對同樣的一個人存著相同的興趣，久而久之，總不免生厭！」

每個人的生命都是隨著時間、經驗而成長、變化的；而配偶也會有變化，絕對無法避免這一切的發生。

如果妳想了解妳的伴侶，至少要花上一輩子的時間才能完全摸清楚；隨著時間的累積，也將使妳在漫長的歲月中成長。

時間也能培養出信賴及互愛的情感。例如，結婚已經數十年的老夫妻，有時連外表都會逐漸相似；這些老夫老妻深諳永久相處之道，並且隨年歲增加而對愛情更加信服。

5．分享喜悅

感情好的親密夫妻，雖然在日常生活上似乎看不出來，但是卻蘊藏著極微妙的愛情——當妳和丈夫彼此都能體諒對方時，即使只是坐在一起親切的交談、共同分享愛的喜悅時，就已是彼此莫大的安慰了。

能在淡淡的愛情中挖掘出喜悅之聲，就像妳採些野花放在妳的書房裡，也會令妳深受一陣感動！他會在妳做完家事疲憊時為妳按摩；妳想要的書，他也會主動買回來送妳……之類等等。有這麼一個人不時的為妳掛心、操勞，這些也的確令人打從心底高興啊！

當妳遇到困難時，能適時地伸出援手；當妳垂頭喪氣時，不斷地為妳打氣；如果在妳心情紊亂時，他也會體貼的為妳消除心中的不快；當妳成功時，他更會誠心的讚美妳，這一切是多麼美好啊！

雖然不用嘴巴明說，但是只要彼此的心靈能互相溝通、意會，自然會產生一種與其在外邊與朋友享樂，不如回家舒適的感覺，這才是紮紮實實的幸福啊！

要能真心的宣稱——結婚真好！

關於婚姻，我真正想說的是——我的婚姻十分順利。我們忠實的對待彼此，並且對自己的選擇感到滿意。

在我們結婚之前，妳們的父親曾經對我說：「妳是與眾不同的怪物，無法與平凡的男子結合！」我認為的確如此；要想得到幸福，就必須找尋同類，在找到同類之後才能真正由婚姻中得到幸福，並且發揮出超越世界上一切不可思議的力量！

女兒的想法

我認為結婚是崇高而美好的，是人類最高的品德！因為和一個人由相戀而結合，攜手共度一生，這必然是美好的選擇。

——薇薇

盼望結婚生子。對於自己將受到固定男人的束縛，並不會感到厭煩；只要這個人能愛我、我也愛他，就是幸福了。

——茜茜

Chapter 6.

對愛人的期盼

——只要有愛心的人，他必定擁有一切的美德

就因女人有不適危險性工作之慮；
所以，原則上應以侍候男人為主。

——康拉德

昨天早上我和一位極其聰穎的年輕女性共進早餐，那位女性所說的話值得告訴妳們。世上有如此多完美的女性，為什麼適合的男性卻偏偏那麼少呢？關於這一點，我不免要歎息一番了！（還記得嗎？如果女孩子聚集一起，就很容易產生「女性優越」的論調來！）

當時，她說：「會不會是因為女孩子所期待的白馬王子，與現實世界的相差太遠了呢？」、「或是可能因為沒有人曾經告戒我們『希望他是一位詩人，同時也是一位企業家！』的夢想是不可能實現的！」

女孩子對自己所鍾愛的另一半，到底有些什麼期盼呢？她的話真是一針見血，剎那間我愣住了。換句話說，女性所期盼的男性，和婚姻是否成功有著很大的關係。

女性對男性所期待的十二種特質

當我開始著手研究這個問題時，我歸納出一般女性對心愛的人所期望的十二種特質。但願妳們能好好運用我所列舉的內容，找出自己的方向；當然，這只是一個開端罷了！

1．強壯

要求男人強而有力，我認為這是應該的。因為必要時，可以依賴的就是力量及堅忍的性格，男性之所以能在現實環境下穩穩的扎根，即因為——有毅力、有忍耐力。

所謂要創造出優良的性格，並不是指狂妄自大、處事驕傲；而是發自內心應有堅強的責任感及正直心，這兩種美德是對妳的伴侶最基本的要求（也是最重要的要求）。

2．男性的魅力

妳的伴侶究竟具有男性魅力嗎？這是個重要的問題。

男性必須強壯健康才能充滿活力；並不是在外貌上特別吸引人、或是以裝扮來取勝——因為這些都不能對「性」的不安情況有所助益。

有不少男性習慣以一些芝麻小事自我誇耀，例如，自己如何得到美女的青睞，得意揚揚地到處宣揚，甚至說出與自己同床過的女人有多少，並引以為榮。這種人只不過是受到性慾的驅使，聽任「性」的擺佈而已，實在無法滿足彼此。

身為男性應該表現出男性的魅力，這是非常重要的；如果他連這點自信都沒有的話，怎能令女性心動呢？

3．自信

為了和妳保持正常的聯繫，男性一定要對自己有某種程度上的自信才行，只要他有自信，便擁有對妳的信心及力量，女性的才華才不致於對他構成威脅；如果沒自信心，那麼他便對妳的存在感到威脅，並且使自己變得更加渺小。如此一來，他就無法相信妳，也相對的會以自己的標準來衡量妳的價值。

另一方面，如果他有自信，那麼一切的事都能安然的度過，引導妳走上勝利之路；即使失敗時，也會成為妳最大的心靈支柱，對妳的未來，他一定是可倚賴、可信任的。

4．誠實

如果一個男人不誠實，而想要和他共同建立人生，這是十分困難的；因為無法讓自己相信丈夫，那麼一切就像空中樓閣般的虛渺。

所以，一個男人應該誠實、正直，並且能夠受信賴，希望妳們的男朋友都有這些優點。

5．感受性

男性似乎從小就受到很深的「男女有別」的教導，反而不曾接受過要對女性傾服的想法。

但是，女性自古以來，即扮演了幫助男性的角色，對男性的要求，則盡量予以協助、關切；而我們便是不斷的以這種方式迅速的成長。

雖然如此，男性仍不失為有美好感受性的人。如果他真愛上妳，便會體會到妳的需求，並且使這需求得以實現；也就是說，這種特有的性格可使男女雙方以一種連結的方式，然後再依賴直覺的力量，讓彼此因而更為親密靠近。

6．能夠保護妳

「應該得到心儀男性的保護！」——有這種想法及願望的女性，即使在廿一世紀的今天，相信還是很多的。

幾千年來，男性一直擔負著保護家庭及女人的責任；為什麼這種基本的倫理，卻要隨著文明的進步而改變呢？我實在不懂得？

7．公平

對男性而言，我認為這是很重要的特性之一。如果能具備這種美德，那麼其可獲得保證；就算兩人之間會發生什麼糾紛，只要依其公平性，那麼一切都可以迎刃而解。

8．共同的目標

也許有人認為；個性相異的人會因互補關係而相互吸引，可是我卻不以為然，反而認為這樣的結合不會長久。要知道，目標與夢想雖可以暫時妥協——但卻不易恆久。

重要的是，當兩人在同一條道路時，則必須有共同的理想與目標，以便一起努力完成。

9．勇氣

妳當然對理想中的男性，在勇氣這方面有所要求。我所說的「勇氣」並非要求對方支配整個社會，而是能遇事堅定、有克服困難的勇氣。如果為了正義而能勇於反抗的人，這樣的男人，自然也會具有從失敗中站起來的毅然決然的勇氣。

身為男人，應有正面面對人生的勇氣，一定要能聆聽自己內心的聲音、適應社會能力、努力創造自己的未來；對意氣旺盛者而言，人生是一場競賽，如果能信任丈夫的勇氣，連帶的也能使妳的勇氣倍增，以致對生存的活力充滿信心。

10．愛的力量

長久以來，我們女性對愛，僅只抱持一種單純的態度，而且似乎是以一種過分寬容的眼光來看待男性，這的確非常令人煩惱。

女性似乎對愛情有過多的夢想，所以總要求找到真正能符合自己理想的男性，但卻是遍尋不著。如果我們能用某種方法使自己了解這樣的事實，而免於苛求對方；但是大多數女性仍不斷挑剔對方的缺點。

我可愛的女兒們，妳們要好好的留意——能不計一切付出愛的能力，不僅是成熟的女性應當如此，成熟的男性也應如此。

絕對不可隨便妥協，這一點也是不分男女的。如果在沒有任何阻礙的情況下，他若缺乏自內心產生的一份熱愛；坦白說，這種男人他並不是很適合妳的。

11．責任

要選擇一個深具責任心的男性，是一項不可忽視的要點。成熟的男性一定能對自己的人生負起責任，然後他才能對妳及孩子負責。

一個人走到了人生的分歧點時，每個人都會被賦予責任；一位成熟的男性，如不具有對生活負起責任的能力，並不能算是完全成熟。所以，一定要選擇對家庭具有責任感的男性。

12．熱情

這也是男性魅力的一部分，在此有必要特別強調。

男性應有寬廣的熱情，對生命也應懷著相同的熱情，以雄糾糾的態度面對現實挑戰，克服一切困難完成理想。這點特質，其實並不只限於男性；但對男性而言，這是十分必要的。

做各種要求之前，先看清自己

我的話或許帶有濃厚的個人色彩；但是，最後該如何選擇，還是完全由妳們自己決定。

相信以後妳們會遇到不少的男性，到底哪一種男性最適合自己呢？現在起就應當磨練出聰明的判斷力，千萬不要存有妥協的想法；自己的真正意願與執著，千萬不可輕易放棄，才不致於有錯誤的選擇。

有一位名叫莎莉的女孩，她不但喜愛文學、個性也內向；她喜歡欣賞詩集之餘，也愛聽細雨打在窗櫺上的聲音。

莎莉心中暗戀一個人，這個人就是足球隊隊長蓋斯——他健壯魁梧、肌肉結實，她將夢中的白馬王子想像成眼前的足球選手，即使這與她內向的本性有些違背。

但如果莎莉和蓋斯結合，結果會如何呢？種種無聊及不滿的情形將會不斷出現，彼此對唯一的夢想終將幻滅；假定其中有一人，為了讓對方高興而勉強妥協——「從此兩人過著幸福快樂的生活」的情況，也永遠不可能實現。

如果想挑選出一個真正適合於自己的男性，一定要對自己的理想有真正的了解及表明——如果喜好藝術家的氣質，就不要期待他有賺錢的本領；如果認為自己喜歡生意人，那麼就不要要求他在心靈上的敏銳。要改變一個人的想法，不僅對對方不公平，而且失敗的結果也是可以預期的。

總而言之，如果能確實的對本身的個性作自我了解，那麼，要找出適合自己對象的機會也將愈大。與多位男性接觸後，累積了人生的經驗，最後將與妳們共度一生的男人，會衝破重重難關，隨著命運中的緣分與妳們見面。妳們對自己的了解究竟有多少？尊重有多少？細心想想，再期待幸福的到來吧！

女兒的想法

所愛的人並不抱持同樣的熱情也無所謂；因為我只要能付出真心去愛他，便能感受到美好而奇妙的感受了。

「愛」就是寬容一切的過錯與對立，所以愛情是美好的；「愛」也可使我和他感到幸福，只要能做到這一點，我就心滿意足了。

——薇薇

Part 3 身體的奧祕

Chapter 1.

身心之間的聯繫

——朝氣蓬勃的心靈能創造出健康美麗的身體

在幾個世紀以前，東方人已經對身心之間的關聯有所了解。例如，練瑜珈術的人，利用精神控制脈搏、降低血壓、消除疼痛，甚至能控制意外的出血，延長就醫時間。

但是，西方醫學的主旨，卻不在於研究身體及精神方面的相互關係，以及人所能控制的層面。歐美的專家認為兩者是不同的，認為若想得到健康，就該採用專家的建議。

所以我們常用機械來比喻人體的功能，平時若不小心保養，是很容易出毛病而不能使用；但是有「自己的身體並非全然聽憑自己擺佈」想法的人，要比有「身體的健康可由自己控制」想法的人多得多，因此我們更應小心注意。

由精神與肉體是一體的兩面，所以有些人因身體的不對勁而感到心神不寧，這種奇妙的情形經常可見到。

所以我們常聽人說，「因為身體不好，所以心情很不快樂！」或是，「我覺得不容易集中精神，因為我從未受過這方面的訓練。」

我深信精神及肉體是兩個調和的個體，一個人如果不健康，兩方面都有關聯；因此由這一方面來說，個人如果能集中精神，便可使身體健康，因此要使自己健康，就應全力以赴！

我的意思並不是說只要保持精神與肉體上的聯繫，就能永保健康；而我想說的是，只要能使精神及肉體發生連帶關係，這對健康幸福的生活而言，一定有很大的助益。

我們每個人都具備自我恢復的能力（自癒力），而人們也多多少少利用這種能力。例如，一個人生病的時候，想要治好自己的病，「意志」是非常重要的——相信所有的醫生一定會這樣告訴病人。

憑藉「意志」的力量，再嚴重的病也可能治好，我由自己的經驗獲得印證；同樣的，憑精神的力量來保持健康，可避免外來的病菌侵入，並動員身體的一切力量，創造出不可思議的神奇療效，若能切實施行，便可活得更長壽。

病生於氣

精神與肉體聯繫的關係，有肯定及否定兩種不同的作用；在精神及心理上的變化，可影響身體各方面的健康。

以下是精神對身體的幾種影響：

一、在緊要關頭，如考試時突然病了，我們便可知這只是一種逃避行為而非真的生病。

二、如果不願意做某件事，在潛意識中就會使自己生病；如此就可避免討厭的工作了。

三、有時並非故意想生病，而是偶發的。這種現象雖然在意識上不自覺，但在心底深處卻認為自己應該生病。

大部分的人，小時候常有挨罵的經驗，而這種經驗的不良後遺症仍藏在心中，以致造成害怕被虐待心理，所以對於某種處罰，會誤以為是應當的報應。在潛意識裡，他們都有相似的期待，這種情況尤其在被虐待的兒童中十分常見，如果沒有任何人處罰自己，便會利用慢性病的手段，來自我懲罰；但是，這是不自覺的。

「生病」等於是一種免除刑罰的優厚條件——生病時，有特權可隨意驅使他人，並且不會受到他人的譴責或抱怨。

這樣一來，內心中的不知所措、進退維谷等憂慮，終可獲得解脫。

保持健康美的兩個祕訣

如何使身體及心靈都保持健康呢？有什麼簡易的自我操作法嗎？以下兩種方法就是最簡單而有效的運用。

1．自我對話

只要不時在心中對自己說：「每天都是健康快樂的生活嗎？」要多方面印證自己的力量，要有自信誇獎自己的身體。

2．描繪理想中的自己

為自己描繪出健康而充滿活力的輪廓，心中不斷默想自己的願望得以實現，並且不斷回想這些完美情況。例如，一邊照鏡子、一邊想像健康的自己；那麼，理想中的自己，便會既健康又美麗的出現在魔鏡中了。

這種視覺法，實際上已經有許多心理專家嘗試過了，他們一致認為能得到神奇的效果。用這種方法來控制體重，改變心情、想法，或靠著自我的增強意識治病等等。這些作法，即使在一個人最不得意的時候，也不會有任何害處，所以寧可使自己的心情更加積極。

也就是說，這麼做可使自己更接近本身想達到的理想狀態。因為自己真的太胖、太難看了，當妳心中有這種想法時，外貌自然也會變得如此；自己認為一定有什麼毛病，而時常擔心，久而久之，真的就染上這種病；害怕自己會出車禍、心緒不安，說也奇怪，就這麼遇上車禍了。

那便是心中的想法影響了實際情況的例子。不論好壞，人對自己心中所持的形象，則會加以實現。若妳肯定自己是個健康的人，心中如此自我描繪時，久而久之就會使自己變得更美好。

這種情況，並不用任何高深的技巧，也沒有任何年齡限制，更用不著什麼器材；即使有，也只是控制自己的毅力罷了！一個人在日常生活中，根據科學家研究結果，一般人使用的只不過是五％的腦力（智慧），其餘的九十五％，便有待自己去開發方能利用。

精神所具備的創造力是無限的；只是，如果不懂得誘導潛在能力，那麼這些智慧便等於沒有發揮作用了。所以我們應該有積極的想法；但是，要如何來達成，就需要靠妳們自己的睿智了！

Chapter 2.

健康是自己的責任

——攝取均衡的營養、持續的運動，以及心靈上的幸福感是通往健康之道

有健康才能有勝利。

——托瑪斯・凱拉

我們每一個人都受惠於醫學上的進步；但是一個人並不只是從生下的那一刻，而是在尚未出生之前，就已得到了醫學上的幫助了。

但在未尋求醫療之時，應由自己負責本身的健康；生了病當然要接受治療，但是預防之道，在平時就要留心，以尋找出屬於自我的免疫力。

了解自己的身體

一般人對於自己身體上的知識，僅止於初步的認識而已；然而學習了解身體的各部機能是十分重要。

對每一種器官的功能須加以認識，尤其是循環系統及神經系統，它們在維繫健康方面佔有相當重要的地位。有了它們的作用，才能使身體的每一部分正常的運作著。

茜茜，妳小時候對於受傷十分害怕，看到血更是驚慌不已，這種情景妳還記得嗎？即使只是一小塊抓傷，也會令妳不知所措。

妳這種過分害怕的態度及誇張的表情，令我感到莫名其妙；但是，後來經由我將身體的構造以圖畫方式向妳說明之後，妳的臉上才有了安心的表情。原來，三歲的妳，以為人像氣球一樣，氣球充滿了空氣，而人體內也應充滿血液。所以，刀傷時，妳就以為和汽球爆破洩出空氣一般，會不斷的流血直到流盡為止。

關於身體的知識懵懂無知，而使三歲的小孩滿臉驚恐，這是可想見的。同樣的，長大後若要保持心靈的平靜，實在有必要了解自己身體上的構造以及如何保養，那麼就可避免無謂的困擾了。

是否充分攝取營養？

我從小就開始接受如何攝取營養的教育，所以我的母親在營養學說流行前的二十五年，便已知道各種維生素的功能了；但是，不幸的是，當我學會做一些食物時，我又恢復了一般女性的飲食方式——刻意節食，對體重的增減也十分在意。

時下一般女性對節食特別敏感，然而卻忽略了對營養均衡的注意，所以，有人會擔心一個麵包的卡路里，卻很少有人分析它的營養價值；與其如此，不如儘量搜尋有關營養方面的知識，才對健康更有助益。

要注意的是，最近很多食物有不實的標示。例如，人工添加物的過量，經漂白後破壞了食物原有的美味，只求外觀賣相好，真是害人不淺！

另外，各種人工糖精、香料、防腐劑的濫用。有一次，我買了一罐巧克力牛奶，沒想到裡面既沒有巧克力、更沒有牛奶的成分，完全只是一種人工合成的食品。因此在選購食物時，要仔細檢查貨物上標示的內含成分為何？

要讓自己的身體機能更加活躍，每天到底需要多少卡路里呢？這樣的知識當然是有必要知道的。新鮮的蔬菜水果及肉類，要比冷凍的食品更能激發出人類的生命力。

兩年前，我到東方旅行了一趟，一共待了兩個月。在這兩個月內，我所攝取的食物都是新鮮的，使身體感到無限舒適與調合。兩個月下來，我的體重不但減輕了五公斤之多，而且毫無一點虛浮的感受，這種結果實在令人驚訝！

所以，我們一定要儘量當心選購食物，以防止污染食物及人工添加物侵入體內；因為我們的身體對自然食物更容易吸收消化，而使攝取的卡路里順利的燃燒。

特別是在最近飲食的均衡上益形重要。蔬菜、水果、魚、肉、乳製品、麵包，再加上少許自己喜愛的佐料，便可調配出少量而多樣、適合自己口味、有益健康的食物。此外，並非一味的節食就能達到減肥的效果。正確的方法應是利用運動，將多餘的卡路里予以消耗掉，如此方可奏效。

所以，目前市面上一般有關營養方面的書，也應多多參考，以便好好研究書中的內容，再依照書中方法實地的嘗試；然後，再找出既可滿足需求又適合自己的飲食法。如果能依此方法使營養達到均衡，且持續一個月之後，必能對自己的身體情況刮目相看——不但體重減輕並且充滿活力。

每日至少運動十分鐘

媽媽討厭運動，簡直就像討厭生病一樣；但是為了使心肺循環器官更健康，運動是必要的。為了使臉色更紅潤、保持充沛的體力，就必須了解運動的重要性。

年輕的妳們用不著操心，就可以有足夠的運動；但是由我最近的痛苦經驗，在此建議妳們成年以後，仍應保持對各種興趣、運動的嗜好，千萬不可放棄運動，這並非只是老生常談，而是每個人都應使自己喜愛運動，並長久持續。

每天至少要有十分鐘的運動，比起一個星期做一次半小時的運動更有效。如果做一次運動的時間太長，會使身體的關節產生疼痛；如果妳因此而放棄運動，就等於前功盡棄，非常可惜。

所以，與其立下不可能達成的大目標，不如由可能實行的小目標著手進行。天生就討厭運動的我，每天都慢跑般的快走十分鐘，利用這種方式來彌補運動不足的缺點，以達到健康的目的。

健康就是幸福

首先，是要好好的珍惜自己。為了讓自己有充分的時間做自己喜歡的事，和心愛的男人結婚，並且在真心想要孩子時生小孩——為了讓自己的這些美夢能夠實現，就必須有健康的身體。

其次，飲食和運動都很重要。這兩者對維護健康而言是缺一不可；幸福和健康就像拼圖一般，如果沒有辦法拼湊在一塊兒，就無法構成美好的人生畫面了。

女兒的想法

身體的健康；該由自己負責努力，只要留心就能獲得健康；所以，絕不能做損害自己健康的事。而且我認為這種做法並不困難，因為只要健康就能更長壽，長壽就能更快樂。

——薇薇

我一直認為自己擁有健康的身體，但是從來沒有想過要如何維護保持。以我個人而言，只要順其自然就可保有健康；而我所謂的「自然養生之道」就是要多做運動、保持正常的飲食，該生氣時生氣、該認真時認真、想做的事就努力去實現等等。只要能注意這些事，就能保持健康。

——茜茜

Chapter 3.

開始爲體重操心

——受到「肥胖」困擾的建議

一個人大部分的形象，也是藉由肉體表現出來。

——米勒

這是一個令人心情沈重的話題，也許妳們會這麼認為吧！就一直無法和節食絕緣這點來說，最起碼也值得我說一些話，而這些在我認為對妳們是有利的。

也許妳們對這類話會感到反感、唐突也說不定，妳們對自己有什麼看法呢？這對一個人的一生有很大的關係。許多人由於對自己的評價不同；因而改變了性格、改變了一生的生活。

先從我本身的經驗談起吧！過去我一直認為自己太胖；最近把以前的照片拿出來一瞧，才知道自己的想法真是杞人憂天了。我曾經在飲食上做了極大的節制，而對食物進行艱苦的戰鬥；穿上比實際身材小一號的衣服，且為了使自己看起來苗條些；用盡一切的方法，苦心積慮的虐待自己的身體，但是到頭來，身材卻沒有多大的變化！

直到明白下列三件事情，我仍然和自己的體重進行著艱苦的奮鬥。

一、是在定期健康檢查上所了解的事。當所有的診斷都結束之後，到了量體重的最後一關時，醫生高興的對我說：「太好了！六年來妳的體重一直都沒有增加，一直保持原樣。」

我一聽，差點從椅子上跌下來。六年來，我做了超過二百次的節食了……有時候還對自己的肥胖感到傷心不已；有時只要稍有變化，便高興得不得了。沒想到到了最後，結果還是一樣，體重連一公斤都沒有減少。

那麼辛苦的努力，只是為了減輕體重；但一切似乎都只是自我的幻想，只不過是自己在心中唱獨角戲罷了；或許只有自己的身體才知道本身的標準是什麼？也許我沒有刻意去操縱身體，卻在不知不覺中保持這種穩定的情況也說不一定。

對於這一項發現，連我自己也感到萬分的驚訝！

二、事情則顯得有些複雜了。因為我自認肥胖，所以對外界一直採取防守的策略，避免受到別人在這方面的攻擊，因而逐漸和外界隔絕；並為了保護自己內心的脆弱，以致外在的保護殼在無意中變得愈來愈厚，這種想法，應有許多人與我有相同的感觸吧！

三、是自己受到「我就是胖」的程式所操縱。自從發現這一點之後，才知道自己一直在錯誤的觀念及想法中生存。

由於以上的三種情況，所以現在我對自己的身體情形，能以比較輕鬆的心情來看待；和從前的觀念比起來，簡直有天壤之別呢！

我再也不在食物上「作賤」自己，不再認為自己是胖女人；現在妳們也知道，我的體重並沒有多大的變化，而是一直保持原貌，但心情卻有一百八十度的大轉變了！

食物是供給營養的主力

我相信一定有不少和我同病相憐的女性，對肥胖進行著艱苦的作戰；如今我終於脫離苦海；因此，我要將幾項有傳授價值的觀念告訴妳們。

1．正確的自我評價

關於體重，應儘量自我評估；若是想以服裝模特兒為標準，這種想法並不在我們的討論範圍內。一般說來，九號的尺寸是最適中的身材；若是穿十一號衣服，那麼就應該將衣服加寬一點；我們可以從自己的身材來決定衣服的尺寸。

2．要有自己的標準

以自己的標準來評估自己，千萬不要用一般社會的標準來估量自己。

茵茵，我常以欣賞的眼光來打量妳，妳簡直是一棵強有力的樫木，渾身充滿著穩定的生命力，像是英國愛爾蘭傳說中的巨人。

不論遇到什麼事，都能開朗的大笑，充滿著年輕活力的妳，應該會有適合妳那一七五身高體重；所以，毋須模仿別人追求纖細瘦弱的身材，應有勇氣決定自己的標準。

茜茜，我一看到妳，就知道將來必然會成為一位高挑的女孩。妳天生具有優雅的身材，簡直可說是一朵謙和的花朵——對人溫和有禮，且具有迷人的女人味；所以什麼樣的服裝及身材才是適合妳的呢！這些選擇都必須由妳自己決定。

3．不要崇尚流行

千萬不要受到流行的影響而搞得團團轉，應有自己的標準。最近，「愈瘦愈好」的症候群已有愈演愈烈的傾向了，就和從前流行蜂腰一般，或是纏足、蓬蓬裙，但很快就消失了。

女性長年為了追求流行而搞得昏頭轉向，希望到了妳們的時代時，能更加認識自己，以擁有屬於自己的一套標準才好。

4．快樂的食用

應把食物視為可提供營養的朋友，而非對它作戰的敵人。我多年來，每當吃下好吃的東西，就會長聲嘆氣的想：「吃了又要發胖了！」但是，現在卻能以輕鬆愉快的心情來品嚐，因為我已經懂得食物是富含各種維生素、纖維質、礦物質的營養素，自從我有了這種正確的觀念後；說也奇怪，不但沒有再發胖，而且身體也逐漸的苗條了。

5．遵照專家的建議

如果一直對自己的體重過重而煩惱時，那麼，就請教專家吧！每當心中懷有煩惱及不必要的敵意時，自己的身體有時會以肥胖的形態故意與自己作對，所以千萬不要自暴自棄，應該請教這方面的權威，以求改善。

女兒的想法

最近，大家都變得對體重過分敏感、操心，如果體重稍稍重了一公斤就愁眉不展。不論體重是一百公斤還是四十公斤，人的價值還是不會改變的；為什麼如此多的人厭惡肥胖呢？

——薇薇

我對自己的體重從不操心，也從未對體重煩惱過；如果硬要說有什麼煩惱的經驗，我想只不過以不同的角度來想這個問題罷了！我並不急著要瘦下來，我只希望大家能喜愛現在胖嘟嘟的我就行了。

——薇薇

「如果妳能再瘦五公斤，我就和妳做朋友！」如果對方這麼說，我會斷然拒絕，這樣的朋友有必要去交往嗎？

——茵茵

「胖」有時的確令人難受，這一點需要了解。因肥胖而得不到別人喜愛的情形也經常出現；如果心愛的人對這些事很在乎，你心中的悲傷是可想而知——內心裡也會認為男孩子的心胸為何如此狹窄呢？

——薇薇

Chapter 4.

年歲的增長是值得喜悅的

——每一種不同的成長經驗，都可將妳琢磨得更加美麗

辛運的是，我從來不為年齡的增長而煩惱，不論在學校或研究工作上，我都是比別人年輕而倍受讚美。所以，對於自己隨著年齡的增加而成熟，反倒沾沾自喜呢！

過了三十歲之後，我的生活才真正的好轉。三十五歲以後，更是好上加好；所以，隨著年齡的增長，許多事也將漸入佳境，好事接連而至，我心中著實覺得十分高興！

用自己的觀點看自己的年齡

這麼早就對妳們說有關年歲增長的事，主要有兩種重要的理由——

一、女人自認隨年歲增長會愈來愈憔悴的人，近來有增加趨勢，總認為人老了之後，再也沒有人會對妳關切；對於這種想法，我有強烈的反感！簡直是自虐成性了。

二、為了防止老化，要多多注意健康；然而現在能這樣做的人卻不多。所以，我想藉此機會對這方面多作一些說明。

基於第一項理由，很久以前，女人就習慣以別人的觀點來看自己，尤其對於男人的眼光，更是特別令女人在意！

為了迎合男性的喜好，於是把一雙好好的腳纏成不能自然行走的小腳；利用束腹內衣、馬甲把腰束得緊緊的；利用整形手術，讓乳房豐滿傲人；以及利用各種稀奇古怪的矯正方式，拼命改變自己的身體。

如果能從這些無聊的想法中解放出來，不但是女性的權利，同時對男性也有好處；因為人經過漫長的歲月方能真正成熟。

第二個理由主要是因年輕時總以為身體上的精力是永不衰退的。

我並不是鼓勵妳們要用泡棉把自己的身體包住來保護，以極為珍貴自己身體的意思；而年輕的特質，本來就是可以好好的享受青春的活力。

我要說的是，一生中如果都能維持最理想的狀態，就應留心保養之道——要有充分的運動及營養、足夠的休息及新鮮的空氣，以及心中避免存有任何壓力及煩惱。

如果妳們能獲得使自己一生保持健康的知識，才能擁有幸福，以開創美好的未來。

不同的年齡，有不同的風采

重要的是，當妳們面臨各種不同的年齡階段時，該如何對自己進行評估；並且將這些評估傳遞給他人。自己能擁有多少自信，妳能衷心的喜愛自己嗎？若真能做到，那麼隨著年齡所帶來的恩惠都將成為妳的。

如果能好好的了解自己，以及自己人生中的一切得失，那麼也就能順利開拓出對未來的展望；所以——並不是慢慢的衰老，而是逐漸的好轉。但願這種現象，能適合於妳們每一個人。

到了妳們的時代，醫學更是發達，更能有效地控制各種疾病，因此平均壽命大概又會延長許多，目前女性的平均壽命已經超過七十五歲了；那麼，依此類推，到了妳們的時代，女人的平均壽命將又會長了幾歲呢？

所以妳們在未來的歲月中，可以使自己朝氣蓬勃、健康活躍的養身之道都應好好的學習才對。

女兒的想法

我認為「人老」是人生的必經過程；相信沒有人能永遠保持一樣的年輕，也不會有人存有這種想法吧！

隨著年齡的增長，也就更懂得品味人生百態，所以，我認為那將一定很美好。

——茵茵

我尊敬老年人的智慧，這種智慧並不只有我活了十五歲的知識所能比擬的；不論活得多久，人生所要學的依舊是——活到老、學到老。

我盼望能活得長一些，儘可能和年輕人一起嘗試各種冒險，以得到各類的經驗；到了那時候，如果有年輕人敢說我是「老太婆！」我絕對不會饒恕這些不懂事的毛頭小伙子！

——茵茵

Chapter 5.

懷孕的喜悅

——當肚子裡有了小生命的感覺時，
感受到的是無比的雀躍

小生命啊！妳是從哪裡來的呢。
任何一個家庭你都可以去，為什麼你要到我家來呢！

——喬治・李唐納

有關懷孕的知識，以及如何孕育小生命，一般人很少願意詳加說明；這可能是因為將生產和性聯想在一起，所以對許多人造成禁忌吧！

也或許是因為生產時，身體上的痛苦及精神上的感動緊密地連接在一起，而不容易言語表達清楚。

儘管如此，一般女性都有妊娠及生產的經驗；然而在女性之間，無法互相體認彼此所承受的痛苦，這的確是件相當遺憾的事。

關於這一點，我把自己的感受說出來給妳們聽吧！一個人只要有充分的知識，就能高高興興的迎接這種情況的來臨，而且在沒有任何不安的情形下完成。更何況一旦妳們決定要一個小孩時，必定也會認為有必要擁有充分的準備及育嬰的知識，才能安然地迎接新生命的降臨。

坦白說，到了妳們的時代，這些情況並非無法避免。例如，也許可以依本身的智慧測出是否能成為準媽媽，也可依自己選擇生產的時間等等；

所以，希望妳們能儘可能蒐集這方面的知識，以作更慎重的選擇。

首先，要相信妊娠及生產是一種奇蹟。當胎兒開始在妳的肚子裡蠕動時，這是一個重要的開始；或許我這麼說，妳認為是過於保守的想法。但是到了那時候，妳已感覺到和宇宙、時空融合為一了，同時，妳也成為一個完完全全的女性了。

我對當時的情況及感受，一直還牢牢的記著。當時雖然不免感到驚慌、困擾；然而，為什麼到目前為止，很少人願意把這種受到衝擊的奇妙感覺說出來呢？在妳的體內暫住一段時間的另一個生命——那並非完全沒有知覺的啊！

如果有人說，當妳孕育一個小生命，在妳腹中慢慢的成長時，相信妳的心情一定感到很奇妙吧！女性的子宮原本就是為了孕育小生命而存在的；但是這種奇妙的感覺，在外表上並沒有產生急遽的變化。這種經驗，除非親身體會，否則將無法體驗別人內心的感受——的確，這是許多女性都有的感覺。

在動搖中的成就與自豪

在我兩次的懷孕經驗中，心中的不安都隨著胎兒的變化而使心情無法真正的平靜——

難道自己一直引以為傲的腳踝，真的會因靜脈曲張而變成二倍粗嗎？奶奶常說：「成熟的女人和品種良好的馬一樣，只要看『腳』就可一目瞭然了。」

妊娠紋會一直留在我的身體上嗎？凸浮的靜脈瘤如同奇妙的地圖，這樣一雙難看的腳，難道真的是才二十五歲的我的腳踝嗎？身體一直不舒服，從早吐到晚，如此真能撐到十個月嗎？

雖然有這麼多動搖不安的心情，但我始終自認為這是一個成熟女性必經的過程，並引以為榮。受精的同時，也承受了一股不可思議的奇妙力量，也因此而承繼了人類長久以來的育嬰知識；所以，我自認也可以按部就班的學會成為一個完美的母親。

我還深刻的記得那時候，我一有時間就和肚子裡的胎兒交談；同時不斷的在心中重複描繪著妳們兩個嬰兒的模樣——穿著薄棉服、有著可愛臉蛋的小寶貝。

當我和妳們熱切的交談時，甚至連妳們的姿勢都能想像出來。在還沒生下妳們之前，就已先預訂好了妳們的模樣；說也奇怪，印象中的妳們和真實的妳們竟然完全一模一樣。另外，我也很確定自己生下的是女娃娃；但是，這到底由何而知，連自己都感到不可思議。

懷孕簡直改變了我全部的體質。早上醒來時，心情總感到煩悶，就連聞到水的味道，也感到噁心；但是，我到了妊娠中期之後，便逐漸覺得自己已是一個堅強而美麗的女性了。

到了妊娠的末期，對於產期的來臨，心中壞著期待與不安——如果上帝是女性，就該使懷孕的時間縮短。

所以，有時會埋怨上天好不公平，然而到了第十個月時，這種想法也逐漸消失了。

心情會忽而高昂、忽而沈悶，這種現象常在妊娠中出現。例如，會在某一天覺得自己似乎有支配整個世界的力量；而在另一個時刻又會覺得彷彿臉上鋪著一層白布般的蒼白，宛如就要和世界說再見似的。

在妊娠中，會變得令人感到驚訝的美麗，一般女性都會如此；但是到了後期，成為大腹便便的體態後，呈現出來反是另一種的美。

想想看，一個小生命竟然在自己的身體中成長，而且由妳負責保護與培育，這有多奇妙啊！所以，雖然明明是自己的身體，感覺上又好像不完全屬於自己的，產生這樣的想法也是自然的。從此刻起，不僅是肉體的感覺，在心靈的敏銳知覺中，十個月的冒險旅行是一項不可預告的刺激；因為在這段期間，將可能發生各種事情。

喜悅加上充滿不可言喻的勝利感，將彌補一切痛苦

前些日子，我聽到一位年輕的女性說：絕不要懷孕，因為懷孕會使身材曲線走樣、會留下產後的妊娠紋、乳房也會下垂變大，甚至身體上的健康也會亮起紅燈等等，彷彿把「妊娠」當作是個受到咀咒、可怕的病症一般。坦白說，若以這種看法來對待懷孕，是令人感悲哀的。

生孩子是只有女性才被獲准的特有權利，這是天生的潛力。雖然，因為妊娠會使身體變形，這到底多少有些遺憾；但比起能感受到愛的成長及幸福的感覺，這些就顯得微不足道了。更何況，不生孩子的女人，乳癌、子宮癌的發生比例也會偏高。

的確，妊娠對一個人的身材有相當的影響。不僅是妊娠後期十分辛苦——身體的疲憊、腰酸背痛、膀胱因受到胎兒的壓迫、走起路來氣喘如牛，以致沒走幾步就累得坐在椅子上休息，而且負重感也會力不從心的讓人無法站立。

但是，這同時也有些令人感到驚訝的妙事出現，尤其是在妊娠的末期——胎兒會在肚子裡拳打腳踢，讓妳感受到胎兒不斷蠕動的生命力，是如此活潑而有生氣的存在著。

所以，在妳的心中會有著早日和自己寶寶見面的念頭——想要抱自己的孩子，撫摸他可愛的小手、聽他稚嫩的初啼，那是不是一個健康可愛的小寶貝呢！總是滿心歡喜的期盼著……

所以，我願意鄭重的告訴妳們：能在自己的生命中孕育出另一個生命，這是一項奇蹟；同時，一旦生下小孩後，將變得沒有孩子就無法生存下去，再也不可能一個人過活了，也無法採行以完全自我為本位的行動；也可以說，這一生再也不會孤獨、不再缺乏愛了！

女兒的想法

懷孕的確是一件奇妙而美好的事，是由一個人帶領另一個生命到這世上來。

——達達

最起碼，我在四十歲以前不想生小孩；因為我不想要讓孩子來束縛我的生活。

——茜茜

Chapter 6.

生產是一種美妙的感動

——一生中最辛苦、最難忘的經驗

嬰兒是使人類傳承不斷，也是神所賜予的恩典。

——聖柏格

當妳們看到自己剛生下的寶寶時，那一剎那的感動，坦白說，是這個世界上無法用任何東西來替代的回憶；同樣的，當妳第一次以雙手擁抱自己的寶貝時，一定也有同樣的感受吧！

懷胎十個月內，孩子一直在自己的體內生長著；因此，當親手抱起他時，真會令人有說不出的感動。

生產的經驗，也可能會因人而異。當我開始陣痛時，母親在一旁對我說：「此時此刻，將是妳一生中最辛苦、也最重要的時刻！」

的確如此，所以，我想把自己這些不平凡的種種親身體會，一一的告訴妳們。

大部分的女性，在頭胎生產時，因為經驗的欠缺，心中自然會惴惴不安；雖然面臨的是神所創造的奇蹟，卻無心好好的享受。這種心情，隨著時間逝去，當妳再回顧前塵，才會發覺那真是一項奇蹟啊！

受到喜愛小寶寶的醫師看護

我對於生產最深的記憶是——陣痛出乎意料的難以忍受。關於這一點在當時並不像現在，能在大眾媒體中將這方面的知識直接傳播，以現身說法來教導身為現代女性的妳們；因此，我是在沒有任何心理準備的情況下進行生產的。

更何況，當時並不像現在有那麼多關於這方面資訊的書；我所能看到的書，都是有關醫學方面枯燥乏味的教科書。甚至連那些有經驗的前輩們，也只是模糊的訴說著一些概念而已；否則就是露出一種極為害怕的神情，更使我不知所措！

仔細回想起來，第一次生產，便受到莫須有的恐懼所籠罩，因此導致痛苦的增加；此外，由於本身的無知及周遭人的危言聳聽，千種情緒及萬般感受混雜在一起，使得原本屬於美妙神奇的經驗，竟然成為一種極為緊張場面。

只不過隔了十二個月的第二胎，由於有了前一次的經驗，因此感受上和第一次完全不一樣，簡直不像同一人遭遇同一件事似的——主要的原因在於遇到一位極熟練、能幹又體貼的醫生照顧；所以，茜茜！當妳誕生時，緊張的心情只是一會兒就過去了，一切過程都極為順利。

由於兩次不同的經驗，所以，我相信生產時，要找一位好醫生是很重要的——一定得找個真正能了解生產的痛苦，並且喜愛小孩子；更重要的是，醫生一定要對接生有豐富的經驗才行。

生產時，為了得到美好的經驗，其中最重要的關鍵是——丈夫也能陪伴在產婦的身邊，如此就能使妳滿心期盼著未來的幸福，而忘卻肉體上暫時的苦痛，這也是新生命在雙親充滿愛意眼神下的起步。

要消除生產時的不安及恐懼

生產時，孕婦最大的敵人就是「不安」，關於這方面，簡直是孕婦們津津樂道的事。到底陣痛的程度如何？生下來的寶寶五官是否端正？如何消除這類的不安？在這方面，以具體的方式將精神及肉體上所遭遇的經驗告訴妳們的書已經很多。

在妊娠的過程中，妳們會對每一種方式都想嘗試、學習，這種欲望十分強烈；因此，有關生產麻醉法，也受到一般普遍的重視。此外，關於生產經過，也希望妳們能由書籍、電影，以及和經驗者的談話中仔細的學習，只要對自己的身體能更深一層的了解，就可以消除不必要的憂慮以及各種不安。

找「拉馬茲」式無痛分娩法（即運用心理學技巧的無痛分娩法）的指導者來學習自然分娩，也是一種好方法。在生產之前，依賴特殊的技巧，往往會令人感到反感；但我認為接受「拉馬茲」式無痛分娩法，對於解除頭胎產婦的心理壓力相當有幫助。

相信妳們兩人在這方面的知識一定比我強，媽媽似乎沒有必要建議妳們去找有經驗的女性談這方面的問題；然而醫師及書本，只能解答我們生理上的困惑，而感情方面的經驗卻無法告訴我們。因此，解答有關這方面的疑惑，也只有問身為女性的人；所以，應注意去傾聽一切有關的事，同時自己也要多做些調查，如此在面臨生產時，在各方面才能有所準備。

不管任何人，對自己的寶寶出生的經驗，是這一輩子也不會忘記的。同時，這也是妳成為一位成熟女性的人生里程碑；所以，努力讓這個紀念碑充滿愛、充實及舒適吧！由於有十個月的時間可供利用，相信妳能有完整而充分的時間來準備。

女兒的想法

選擇體貼的女性、喜愛嬰兒的醫師，我認為這是理所當然的；所以，將來輪到我生產時，我一定要選擇能解答我所有問題的醫師，因為我好奇的想知道，自己在那時候究竟會發生什麼事。

——達達

大家都在談論生產的事，這的確是件美好而偉大的事；所以當我要生小孩子的時候，我一定要使它成為我和丈夫之間美好的經驗。

——茜茜

Chapter 7. 成爲母親的喜悅

——育養嬰兒需要無限的愛，更要充滿無比的喜悅！

孩子現在接受愛的教育，將來他亦將以愛來回饋社會。

——米寧傑

當我還在妳們現在這個年紀時，心中的想法是——任何女孩子都有成為母親的一天，只有為人妻或為人母之後，女性的人生真諦才開始。

可是，現在要不要成為母親，已經變成一種選擇，再也不是女人一生無法逃避的命運了。所以，我認為能以這種意願做選擇，也就意味著今後女性可依靠自己的意志來決定自己的命運，以致使孩子的誕生成為母親所衷心企盼的事。

妳們現在距離為人母的時刻還很早，我之所以這麼早就告訴妳們，理由很簡單。當我年紀還輕的時候，如果那時我能像妳們現在一樣具備這些知識，真不知該有多好啊！這是我感到遺憾的一點；也因此，我不願意再看到妳們和我遭遇同樣的困擾。

女性與生俱來的育嬰本能

不論社會如何演變，人類有些基本上的天性是永遠不會變的。孩子們的基本需求受到呵護，想要得到擁抱以及寵愛的欲望是與生俱來的；所以，身為一個母親，應當發揮她特有的智慧，以實現小孩兒的願望。

不論是為了經濟因素或自我成長而再度踏入社會工作的女性，最近都有增加的趨勢；所以，應當全力投入心力發揮創造力及母愛來培育自己的孩子。當孩子生下之後，至少應有幾個月，甚至一年的時間放下工作，專心的從事育嬰工作，才是上策。

就算妳們要追求名聲與財富，暫時辭去工作休息，也應該不會造成很大的阻礙吧！現代已逐漸演變成核心家庭時代，這也是一般潮流的趨勢；年輕的母親全心的投入、與孩子共處來表現親情，這也是很重要的，相信這些往後不會成為妳們的問題吧！

授乳，這不但是嬰兒營養的問題，更重要的意義在於——透過授乳，可使母親及嬰兒的感情更為融洽親暱，現今持有這種看法的心理學家及醫生愈來愈多了。

當身為母親的妳抱著嬰兒哺乳時，可使這孩子在這瞬間維持安定的情感，這種溫暖、安慰、寵愛、擁抱的情感，就像是將一個人的人生由恐怖中拯救出來的防波堤，只要這個孩子能從妳身上得到這種安定感，那麼這輩子就沒人能奪走妳的孩子。

在育嬰上最重要的事，是要坦率的傾聽從心靈中所發出的聲音，千萬不要受到社會上人們無謂說法的干擾，更不要受到自己的偏見所左右；即使連小白鼠、小白兔等動物都具有哺乳育嬰的本能，同樣的，身為人類的我們，豈能不具有這項本能。

千萬別聽信別人的誤導，或是受到書中育嬰原則的影響；只要妳肯更加努力地傾聽孩子、某些需求的表達，並仔細觀察——例如，他想獲得大人的陪伴？想要玩玩具？想要說些什麼……等等，只要能真正做到這些，相信妳就能培養出更好的親子關係了。

依心理學家的說法，我們常會依照自己孩提時的印象來為人父母，也就是說，當年自己的雙親如何對待自己，自己也會以同樣的態度來對孩子。因此，如果有某些不自覺的錯誤，便會一代代的傳下去；難道妳們不曾見過年輕的父母依然用舊式的方法教育孩子嗎？

所以，希望妳們在迎接身為母親的到來時，將我以前對待妳們的育嬰方法中加以仔細的辨別，只要保留好的方法就可以；而對於社會上一些慣有的育嬰方法，也要明辨、篩選出適合自己的。

要成為重視孩子人格的母親

有一次，我在紐約一家大醫院裡，聽到一位有經驗的老醫生告訴年輕的實習醫生說：「當孩子的母親說出她們內心的感受時，千萬不能以隨便的態度來敷衍。」

在此，我要向這位上了年紀的老醫生致上崇高的敬意！事實上，也確是如此。因為神不僅給了我們傳宗接代的能力，更賦予人類在心靈上的溝通及表達之特質。

茵茵，我常看到妳和正在照顧嬰兒的亞蕾克愉快的交談著，那種景象看起來是多麼的美啊！就像母貓和小貓快樂的在一起聊天遊戲，簡直就像一幅天倫之樂的畫面。

據我所知，妳並未看過任何有關兒童心理方面的書；但是，妳卻能極富耐心的和二歲半大的幼兒說話，告訴他什麼是可以做、什麼是不可以做；而不是以命令式的「要這樣做！要那樣做！」換句話說，把他當成人看待，以溫柔而體貼的語氣，說出不可做的原因。

我育嬰時也和現在一樣，想培養出孩子的人格，其祕訣不外是——不要把他當孩子看待，而是要承認他們真正人格的存在。

人除了有愛及安全的基本權利外，也有免於暴力的被保護權利，以及受到善待等權利。

但是，大部分的小孩，從未由父母親身上得到這些權利，反而聽憑雙親的擺佈，甚至受到重罰——有時被棄置在黑暗中；甚至正玩得高興的玩具，硬是被拿走；還有大聲的斥責、輕視、任意差使……

像這種對待方式，自然而然會讓孩子在心中蒙上一層陰影，以為自己永遠無法獲得幸福，以致原本該具有的自尊心也消失殆盡，而在毫無安全感的情況下過了一生。如果為人父母的，能把孩子視為大人般的看待，並認為他們也具有應有的權利，那麼，這孩子在往後人生中，就會在充滿自信的情況下成長。

母親，是一項嚴肅且具有權威的職位，而且充滿美好的喜悅；但是，卻很少人能完美的執行這項任務。我常想，正因為在育嬰方面，雙親難免會有些笨手笨腳的情況出現；所以，孩子在這並不完美的世上生存，方能有所應變的加以調適；果真如此，雙親在育嬰時所犯的錯誤，也許具有正面的意義吧！

如果雙親在這方面有足夠的體認，那麼，我認為能由培育孩子中學習的地方就不少了。例如，無止盡的未來知識，便能直接貫注到妳的心中；也就是說，將妳過去所承繼的知識，直接地教導給下一代！

女兒的想法

成為母親，的確是一件美好的事；我便是為了預習而學著照顧孩子的。

有件事是我親身體會到，而使我不太滿意的——那就是大部分的母親，只注重自己是否成為「母親」的完整性，卻忽略孩子本身真正的感受。我認為既然生下孩子成為母親，就原該好好的培育下一代，放下手邊的一些瑣事，專心在家看顧孩子。此外，令人感到十分好笑的是，有些平常不在家的母親，為了讓孩子知道自己的身分，竟以不時的送禮物方式來提醒他們，賄賂你的孩子？

成為母親這件事在整個社會上來說，我認為是重要而辛苦的工作。因為，那不但要教導孩子價值觀念及道德意識，同時也對人生的方向給予指引；就像一個偉大的雕刻家，孩子將來的成就如何，則端視母親如何的訓育及教導？

——茵茵

想要成為一位好母親，我認為只要真心疼愛孩子就夠了。真正疼愛小孩的父母，和因為有孩子而不得不照顧的父母，兩者是可以很清楚地分辨出來的。

——薇薇

我想，在生孩子之前，要先把想完成的事做完，以便成為充滿自信的成熟女性，繼而對育嬰工作有更好體驗的好母親。

——茜茜

多年來，許多母親都忽視孩子的人格而任意驅使——簡直將他們視為奴隸！

「到超商去買一瓶醬油！」、「要記得打掃房間！」、「要聽父母的話！」、「只要照著話去做，不要老是問我為什麼！」……等等，這都令人感到厭煩；因為，這麼一來，總令人感到自己不受重視。

——薇薇

Part 4

心靈的手札

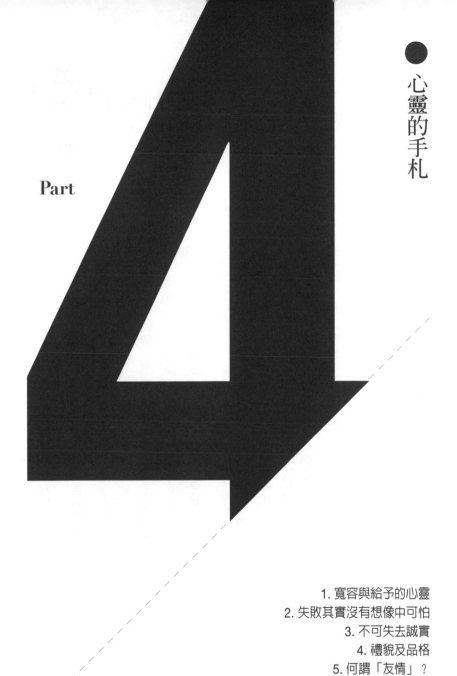

Chapter 1.

寬容與給予的心靈

——愛而不求回報者，反而會獲得回饋

把你所擁有的分享眾人吧！
這是用不著考慮的，而且是一件美好的事。

——朗費羅

「不求代價，樂善好施。」這就是我的父親，也是妳們的外祖父所標榜的德行。當年經濟大恐慌時，全世界都受到波及，極不景氣；而貧窮的父親口袋通常只有二毛錢——一毛錢是每天往返紐約的車費，另外一毛錢則作為午餐費。

但是，妳們的外祖父常把錢施捨給路旁的乞丐或貧窮人家，因為外祖父認為他們更需要獲得幫助；所以，中午往往只吃一個蘋果裹腹，而來回一共八公里的路程，也只好用雙腳步行了。

有人批評容易同情別人，又常常送錢給別人的外祖父說：「向你要錢的乞丐，也許還是開著勞斯萊斯的大富翁呢？」

心地善良的外祖父總是面帶微笑的回答說：「我之所以這麼做，乃是奉神的旨意；如果他在街上乞討是騙局的話，即使他是個億萬富翁，但在心靈上他卻是貧乏的。至於我給的錢，對方要如何運用，則與我無關。」

要善待求助者

由前面的小故事中，我們可得到一個啟示，那就是——應以寬容的胸襟待人。隨著年歲的增長，寬容的心應是社會上一切美好的泉源——這樣的想法一直存在我的心中。

不吝惜對他人付出愛，因為「施比受更有福」。那麼，只要我們在金錢上不吝嗇，就能幫助身旁比自己更需要幫助的人；只要把「私心」收藏起來，便能惠及他人；只要不辭辛勞勤奮工作，就幫助更多的人。

如果能仿效外祖父的對別人寬大為懷，那將會有什麼結果呢？有關這一點，妳們是不必擔心的。在這社會上生存，絕不能過於看重財富；因為「吝嗇」會擴大人與人之間的距離，而且善良的人性也隨之泯滅。

只要是善意的施捨，將會使對方感到如獲救一般。如果有人坐在馬路旁向妳乞討，這時妳若動了給他一枚硬幣的念頭，就不要再猶豫！如果能幫上他們的忙，就請不要吝惜的幫忙吧！當有人需要妳給予精神鼓勵時，那也請多發揮愛心。

有些人即使送的是非常奢侈的禮物，但卻是心不甘、情不願的，所以受者的內心也不會感到高興；然而，有時候雖然只是小小的一件東西，卻因是出自內心，對方就會比得到任何寶貝還要珍惜！

當年外祖父常說：「不管是任何東西，給予他人的時候，都會以百倍的價值獲得回饋。」在他那個時代的確是如此。他雖然沒有當過大官，但都受到了一般人的尊敬與景仰，這就是妳們的外祖父所留給我、也留給妳們，無法以金錢取代的至上遺產。

女兒的想法

如果自己的心胸不夠寬大，就沒有資格要求別人用寬大的胸回報；如果向別人有所要求、或有所商借時，若平時自己不曾如此做，那麼，對方也不會以此待妳。一般說來，我對每個人都能抱著寬大的胸襟，尤其對姊姊更特別——

——茜茜

大部分的人如果真的想做，就一定做得到；可是許多人卻極力不對他人寬大，如此一來，反而會形成惡性循環。

寬容，是屬於很重要的美德。只要能真心幫助他人，便能獲得回報；而使他人幸福的想法及念頭，也同樣會使自己感到快樂。

——薇薇

外祖父真是了不起的人，他的寬大為懷的胸襟，簡直是神才會做出來的事啊！我應該向他學習！

——茜茜

Chapter 2.

失敗其實沒有想像中可怕

——失敗會教妳認清許多事情

愛因斯坦曾說：「想成為一個成功者，不如成為一個關鍵人物吧！」的確，這是一句非常貼切的忠告。

現在的人，大多以達到成功的目的來教育孩子；而且，隨著社會的益趨複雜，更是迫使每個人非成功不可，以致於，大家所承受的壓力也一天比一天大。在此，我想針對成功的反面——失敗來做一番檢討。

如不倒翁般的堅強毅力

「失敗」宛如牛皮糖，畢生糾纏著我們而不離去，就像俗話所說：「人生不如意事常十有八九。」一直到接近終點時，我們和失敗依然並排的齊跑著，共同接受磨鍊，以及激烈的競爭；甚至，連遊戲中也潛伏著失敗的可能性——它正無處不在的窺伺著你呢！

人生難免會失敗，所以對於這一點，我們要好好的思考才行。首先要做的是——不要先預估失敗的發生，因為只要積極的全力以赴，就等於事情成功了一半；只是，萬一不幸失敗時，也要有應付的方法。換句話說，不論是實質上或預估上失敗，只要能堅忍不拔，便能以高度的效力來處理失敗，繼續勇敢向前邁進！

實際上，由失敗中能夠東山再起的最好方法是——再次的嘗試與挑戰！第一次失敗了、第二次也失敗了，或許一直要到第十次才成功；但是只要有耐心，運用堅強的意志及努力，便會產生一股奇蹟的力量出現。要知道，失敗乃是成功之母。

就算一次次的挑戰都失敗了；但是，其中所累積的經驗也會對我們成長有所助益。總之，萬一不幸遇到挫敗，絕不可以輕易放棄；如果因為一次的失敗而陷入心力交瘁的絕望中，到頭來，只會造成自我毀滅罷了！一定要鼓勵自己勇敢面對各種情況，甚至乾脆暫時把它擱在一旁，重新思考、鼓起勇氣，再一次地向自己挑戰！

不要受他人的意見左右

在林肯尚未當上總統之前，嘗試過很多失敗，最後終於成為一位偉大的美國總統，他就是成功者的代表。

因此，我們應該以自己的尺度來判斷自我的價值觀，以自己的觀點來衡量本身的程度，這是非常重要的；即使全世界的人都成了自己的敵人，也應該依照自己的信念來行動。有時在一般社會上看來，也許是失敗了；

但是以身為一個女人、妻子、母親、工作者；以及思考的人來說，也許是代表著另一種成功！

此外，有時候也無法以社會觀點來判斷是否能成大事的情況，如愛因斯坦雖然數學不及格，卻能完成了「相對論」；愛迪生雖然遭到退學，但他卻發明了電燈；屢經挫敗的林肯，他的名字至今卻還永留世人心中。

或許妳們也有遭到失敗的經驗吧！像原來以為能夠輕鬆得到高分的考試，卻臨場失常；本來認為穩操勝算的比賽，結果卻名落孫山；有時也難免會有些同學，以不相關的事作為嘲笑的把柄，甚至因此失去榮譽……

然而，遭到失敗並非問題的重點所在，主要問題在於，當妳們遭受挫敗時，會有如何的反應？妳能由失敗的經驗中學到什麼？又能因此產生什麼的力量？總之，「失敗」也可說是通往「成功」的踏板，而真正的失敗則是——遇到挫敗後，就變得畏縮不前。

俗話常說：「不入虎穴，焉得虎子！」這句話的確說得非常中肯；正如愛因斯坦曾說：「一個人要成為『沒有我就辦不了事』的重要人物才行！」為了使自己成為這類女性，但願妳們能嘗試各種事物，要有不怕失敗的毅力才是最重要的。當然；成功與失敗能帶給人經驗，而生命中無窮無盡的創造力，則有待妳們去開創、發揮。

女兒的想法

只要盡自己最大的能力，就算不能成功，誰也都無法加以責備。因為每個人都有遭遇失敗的可能性，世上沒有一個人是十全十美的。只不過，我認為如果失敗了，不但不能逃避、意氣用事；反而要以穩健的態度，由失敗中學習經驗，並且再一次的接受挑戰！

——茵茵

如果遭受失敗，應面對事實、重新挑戰，這種鬥志方是最重要的：想要成功，就不要放棄，要不斷的嘗試與挑戰，千萬不能畏縮卻步。

——茜茜

Chapter 3.

不可失去誠實

——不管遇到任何情況，都不可失去誠實

要想知道一個人的本性如何？在不被發覺的情況下，可暗中觀察此人的行為舉止如何？

——馬奇勒

有人說：「因為撒謊而遭到的最大不幸是——再也得不到任何人的信任。」關於此點，我想這對一個人的名譽來說，是最為重要的。我認為一個人如果珍視自己的名譽，他人也會以同樣的態度相待；相同地，一個誠實的人，自然也會受到普遍的尊重而得到信譽。

所以，我對妳們抱著特別的期望就是——一定要珍視「名譽」與「誠實」。然而令人遺憾的是，近年的年輕人逐漸忘卻了這項原則；他們以「現實利益」、「投機取巧」為手段，反而將「信任」、「名譽」、「誠實」等操守全拋腦後。

古時候的人，都努力使自己的言行成為一名君子，而真正的君子有如下數點美德——

1．高貴的情操

不管遭遇到任何情況，我們一定要保持正當的言行以及高貴的情操。

所以，為了保全至高的名譽，即使需要做出自我犧牲時，也應奮不顧身的去達成。

2．義務

關於這一點，是任何人都應該遵守的。假如有件事是你應該完成的，那麼，不論遭到什麼阻礙也都應該儘量做好，否則將有損本身的名聲。若總想以投機取巧來獲利，這種想法是君子所不齒的。

3．誠實

古代的君子一般都認為，「一言既出，駟馬難追。」以致當時的社會風氣也都建立在誠實互助的原則上。

由於名譽、義務、誠實、高貴的情操等信條，佔了當時日常生活的極大部分，所以很少人有脫離這些規範，以貪一己之便的想法。

雖然我一再強調前面所提的這些美德，但也許有些人會認為這些話已經過時了。在此，我想有些事的原則與本質是古今相通的；也就是說，正由於現代人所遇的是現實的自利生活，因此道德規範才更需要重建。

舉凡做人處世，絕不能有惡意的欺瞞行為

有時想要牢牢的謹守著道德上的標準與規範；但若旁人卻不依此標準行事時，雖然本身依然是擇善固執，但是並不令一般人容易辨明這兩者間之真偽。

就算能明辨，但是若要做正確的處理，恐怕是更為困難了——尤其是當一般人尚未了解何謂道德規範之前，可能就更加裹足不前了。

當我在高中時，曾經有過「做與不做」的矛盾。事情是發生在畢業典禮之前，由於學校要選出一位代表所有畢業生致詞的人，而其中我和另外一個功課也不錯的男孩競爭最激烈——我們每次的成績都不分高下，總是遊移在第一、第二名之間。

在一次偶然的機會裡，我得知他在畢業考時有作弊的計劃；如此一來，他必然會因分數比我高而當選為畢業生致詞的代表，因此心中十分氣憤，但我究竟該怎麼辦呢？到底要以不正當的手段同流合污？還是潔身自愛卻輸得坦蕩光明？

於是，我找雙親商量，所得到的答案卻是這件事該由我自己決定，父

親說：「妳想誤入歧途或走正道，都不會有人知道的！」

當父母用雙眼注視著等我回答時，我毅然而然的下了正確的決定。最後，雖然我的平均分數比他稍低，而同學也都對他投以羨慕的眼光；但是，在我的內心卻對自己的行為引以為傲。

由某種意義上來說，這一次的經驗遂成為我畢生行事的準則；所以，我一直保持著一顆開朗坦然的心，不論吃了多大的悶虧，我也會為我自己能有正確的選擇而感到高興。

建立屬於自己的道德標準

要是妳希望成為受別人信賴的人，首先本身要先信賴他人；但是，為什麼這麼良好的作風，竟然不合當今的時代潮流呢？現在我們就試著以完全現實功利的立場來加以深入探討吧！

如果妳們不信任我，對每件事都抱著懷疑的眼光和態度；換句話說，對我所說的話、所做的建議，完全不加以採信，那麼，這個家會是個怎樣的情形呢？

說得更清楚些，如果舊有的道德價值觀被消滅了，名譽、誠實、信賴等反而被貪圖眼前利益的現實所取代；那麼，想必文明的社會也必將漸漸走向頹廢了……

我並非認為在妳們這個時代完全不重視名譽，我只是想表示，年輕人容易受到社會上不良習慣的影響。如同電視節目不論良莠，都可在家中收看，以致目前社會道德標準已經亮起紅燈了！

因此，在現代社會裡，妳們應該努力學習如何分辨是非善惡，以免隨波逐流而不自知……

在道德的混亂中，保護自己最好的方法是——必須建立一套屬於自己的道德標準。

也許在人生過程中，你們常會遭遇到各種左右為難、進退維谷的情況，有時甚至會陷入窘境。在這些過程中，相信妳們會受到不少的壓力與影響；但是，只要擁有屬於自己認定的觀念以及自信的行動，想必可在任何的情況下，理出最適當的處理方法了。

女兒的想法

信任，要靠自己的努力才能獲致。

——茜茜

我認為每個人都是值得信賴的，這是非常重要的；因為信賴是一切關係的基礎。例如，母親與女兒、男女朋友之間，如果失去了相互信賴的基礎，便無法發展出更親密的關係！

——茵茵

我希望父母親能夠信任孩子所具備的常識，這一點對父母而言，也是一種聰明的做法；因為，當一個人自認已得到他人的信賴時，必定會加倍努力，以致不使對方的期望落空。所以，我認為會違逆雙親的孩子，究其根本乃是因其內心已有不受父母信任的想法產生了。

——薇薇

Chapter 4.

禮貌及品格

雖然今日已是男女平等的時代，
也不應忘記女孩子應有的禮節

要有禮貌——難道還有什麼比這更容易得到快樂的嗎？
而且用不著花半毛錢就能對自己、
對別人的心理安慰產生很大的作用。
因為，對對方而言，
這是一種受尊重的喜悅。
而對自己也能收到喜悅的效果。

——伊拉格斯．威曼

在我年輕的時候，有位話劇評論家曾說：「禮貌就是不使他人受到傷害。」雖然他所下的是一個非常簡單的定義，但若能實際做到，則的確是一項不容易的表現。

只要妳能使人感到愉悅、輕鬆，相信妳自然也能得到內心的清爽和愉快，因為「禮貌」是一項體貼他人、愉悅自己的事。若能這麼一想，談「禮貌」就不是一件嚴肅的事了，反而充滿人情味呢！

禮貌並不是把一堆的社交辭令堆砌起來恭維對方而已，而是把人生的範圍加以擴大，這是十分重要的。所以，品格與富貴、環境等外在因素的好壞無關；反而有些人雖隱居陋巷，卻也能表現出彬彬有禮的風度。

主要的問題在於——自己到底想不想讓他人產生喜悅的想法；了解他人的心意、考慮對方的立場，這一點對女人來說，是不難辦到的，因為女性天生就具有細心、體貼他人的本能。

當女性解放的呼聲漸漸高漲時，男性也同時出現「既然男女地位已經平等，那麼就沒有為女性拉座椅、開車門的必要了。」的論調，這種說法實在是心胸狹隘的無聊反應！

萬萬沒想到，人類追求平等的理想，最後竟然破壞了兩性之間原有的禮儀，這是多令人傷心的事啊！因為「禮貌」是人類文明進化的產物，我們豈能開倒車呢？

禮儀是個人及社會的潤滑劑

禮儀難道會隨著時代的變遷而轉移嗎？

我相信大原則是不會變的。雖然我們兩隻腳已經將踏上了廿一世紀的船上；但是，如果仍能保持高雅的禮儀態度，相信更能增加妳原有的魅力。人人雖然不需要像企業家隨身攜帶名片，但是對於別人的餽贈，至少也要以簡單的卡片回謝，那麼收到謝卡的人，心中也會因這股暖流而感到無限的喜悅呢！

當然，在這年頭你要發個簡訊也行，不過你要記住，用親手寫下的，即使是短短的幾個字，它代表的情意，絕對是完全不同的！

這種情況也是具有相當實用性，所以我認為禮貌是人與人相處的潤滑劑——不但可避免自尊心受損，而且可超越一般社會規範；同時，更可以緩和現今社會混亂、追求名利的生活。

所以，我們對周圍的事物要特別留心，即使是少許的約束也一定要遵守。彼此以祥和的禮儀相處，想必更能調和這社會上許多不必要的爭執及糾紛。

人類文明的進步，在花費了幾千年的努力和學習，終於使人類超越了原有的障礙而得到了協調。

女兒的想法

每個人都該注重自己的禮貌及品格，並時時留意；因為人的品行好壞，會被人經由言行舉止來斷定。

諸如，吃飯時的禮貌如何？說話的方式又如何？而電話中的禮節是怎樣？握手的方式又應如何？……都在不知不覺中，受到他人的注意與觀察。

對人有禮貌，則會留給別人好印象；同樣地，也等於是為了自己好。

——茜茜

Chapter 5.

何謂「友情」？

——必須在互為體諒下成長！

只要以愛待人，我們就永遠是個有用的實體；只要能為人所愛，我們就是無可替代的存在。那麼，只要擁有友誼，任何人也都是有其價值的！

——史蒂文生

關於這個問題，相信妳們並不需要我的建議，因為妳們的友情一直都是長久持續著，而且妳們對「朋友」的定義也似乎都有所了解了。

但是，要培養真正友情的過程又應如何呢？媽媽自認為在這一方面經驗特別多，所以現在就讓我說出其中的感想吧！

寬容對方的缺點，才是真正的友誼

人與人相處總是免不了要協調，只是，這種平衡點是經常要變化的。有時候，當這一方給予，而另一方接受；有時則是另一方給予，而這一方接受。正如有這種伸縮自如的情形，才能永遠保持平等的關係。

1．即使是親情關係，也應有禮貌

真心關懷與好管閒事的叨絮兩者是不相同的。然而，雖然彼此是相當友好情誼的朋友，但也不可過分干涉朋友的生活，否則同樣會受到厭惡！

因此，如果想得到長久的友情，便應對前面所提的警戒深入了解。例如妳不假思索就對朋友說：「妳好胖喲！」如此，不論對方和妳是多麼親密的朋友，相信她內心也會受到傷害。

相反的，如果她主動向妳傾訴肥胖的煩惱，此時，妳就應好好的為朋友排解煩憂。

2．友情的季節性

有些友情會隨著時日而加深，而有些卻會慢慢褪色、消失，亦有些則以某種型態固定維持著……各類情形都有。同時，友情也有季節性的差異；某些時候會特別的親密，有時則保持著某些的距離。另外，如果是單身且可自由行動的話，那麼交往的活動自然頻繁；如果兩個人都結了婚，且各自忙於處理家裡瑣事，那麼交往的頻率自然減少，而友情的成分勢必也會漸漸改變。

3．適度表露自我

即使親友和本身之間十分熟悉，但是，一般人無法輕易的對別人表露心跡，只有交情深的朋友才可能做到。所以，一旦有這種真正友誼的朋友，就可以坦率的表露自己的情感。印度詩人泰戈爾曾寫信給朋友說：

「雖然你明知我有很多缺點，卻仍一如往昔般深深的關愛我，實在令我感動不已！」

固然，友情的深淺有程度上的差別；但是，如果彼此能保持坦率的情誼，即使對方有很多缺點，卻仍然能相互容忍和喜愛的。

4．憑直覺選擇朋友

有一些人，雖然是第一次見面認識，卻有相見恨晚的感覺，不禁會懷疑以前是否曾經交往過？就以我個人的經驗而言，雖然也有第一次見面就一見如故的情形，但絕大部分是要花很長一段時間培養。

當然，並不是所有的朋友關係都是非常理想的，有時也會有令人感到失望的情形發生。

所以，關於選擇朋友的關鍵，我認為要「憑自己的直覺！」因為人的感情及理性，會因調和而產生功能；因此，若能掌握真正的自己，當然就能選擇出適合自己的朋友。千萬不可因對方的財富或名望，而選擇與自己毫不契合的朋友；總之，「朋友」是要能在精神及智慧上彼此溝通的人。

友情可使彼此的感覺更加美好；很多事是可以和朋友討論而一起成長的。妳們是個性坦率、積極有智慧的女孩，相信以妳們敏銳的直覺及判斷力，應該可以找到真正合適的朋友。

5．不可在背後批評他人。

在友情關係裡，最重要的是「誠實」。千萬不要在背後說朋友的是非，也不要讓別人在你面前談論朋友的是非。喜歡在背後隨便批評別人的人，坦白說，是非常不受歡迎的；當朋友向露心中的祕密時，千萬不可再對第三者提及。

我如此不厭其煩解說，妳們是否會覺得囉唆呢？我想應該不會吧！如果能找到彼此守信重諾的朋友，就能打開心胸款款而談，如此必能彼此了解得更深入，以建立起更充實、深厚的友誼！

女性通常較擅於培養友誼

「男性間的友情」是我無法深入體會的；但是，憑自己的直覺看來，男性較無法像女性一般和朋友維持親密的關係。關於這一點的原因，可能與男性自小所受的教育有關；男性自小就比女性被訓練得更加獨立，需要以自己的雙手開創未來。

嚴格說來，女性對培養友情的確有一套。她們總是能彼此能互道心聲——不管快樂或悲傷，都能相互分享或彼此忠告；這也許是女性天生就具有關愛別人、照顧他人的特質吧！

當我懷著妳們兩人的兩年間，當時有兩位好朋友幫我很大的忙。後來因故遷移到北部後，彼此將近十年沒有再見面了。但是，在一星期前，其中一位好友突然來找我。

當我們共進午餐時，我的思緒浸入回憶中，這也就是屬於女性之間特有的親密聯繫，才使得我們在相隔一段如此複雜而又變化多端的時空後，又再度的熱絡起來。

像這種聯繫，男女之間有著明顯的區別。女性和女性之間，能相互尋求慰藉、依賴和交換彼此的經驗，所以會說出只有彼此間能體會的話。

在此，還有一點必須向妳們強調——關於高喊「女權主義」所帶給我的意義，其中也含有警戒之心。的確，女性之間的友情連結，會令人感到宛如一股暖流滑過的溫暖；然而，每當一聽到為了提升女權而高喊「女性團結」的呼聲，這又讓我感到心驚。

如果心中不曾有過對別人施加壓力的念頭，難道會急於誇耀自己的力量嗎？看起來瘋狂的女性同盟，難道不會使人產生一種自私的錯愛嗎？

我希望在未來文明的世界裡，男性與女性更應該手牽手、心連心，共同創造美好的前景！

未來將是男女之間培養真正友誼的時代

曾經有位女士對我說：「如果對丈夫說話能像對女性朋友一般坦率，而且也得到適度的了解，不知該有多好！」

我了解她所說的意思。如果男女之間，能獲得如此美好的契合是相當理想；但是要達到這種情境，是多麼不容易的啊！

近來，年輕的男女之間，似乎有發展真正友誼的情形出現。茜茜，妳常將有關自己的事，和異性朋友以愉快的語調交談；茵茵，妳和男孩子相處時，和其他同性朋友並無兩樣，坦率得什麼都能暢談！

當媽媽還年輕時，社會上不論男女，彼此都有戒心，無法真正溝通、暢談；反觀現在，在男女平等的基礎上，彼此的坦率交談，已不是件新鮮的事了！

女兒的想法

每一個人都有朋友，都想彼此建立起真正的友誼；但是，這種事實行起來並不簡單。

首先必須要了解對方的想法、容忍對方的缺點、儘量使對方高興。當然，最重要的還是體貼和有一顆善解人意的心。

——薇薇

我認為朋友就是——不論是高興或悲傷，都能彼此分享；能和好朋友一塊笑個不停或抱頭痛哭，是世間最幸福的人。

——茵茵

只要是真正的朋友，就能夠彼此依賴和信任，無論遭遇什麼事，都能對他說出心中的感受。所以，「友情」就是受到自己信任的人所喜愛，至少我認為如此。

——茜茜

Chapter 6.

人生總會有意外

——打開心扉，接受各種驚奇、變化與進步

如果要住在龍穴附近，就不要擔心是否危險。

——杜魯卿

坦白說，到目前為止，我的人生盡是遇到一些意想不到的事；所以，有人曾說我是個「波浪型」的人物。

在人的所有能力中，「彈性」是主要的其中一項，也就是指人類能適應各種情況、應變及成長的柔軟度。有些人雖以完整的計劃來鋪陳如鋼筋堅固般的人生道路；但是，這種人的生活，相對的，也較缺少驚喜吧！

由人類的歷史來看，我認為再也沒有任何時期，能像妳們現在如此的進步了。

在最近一世紀中發生的事情，如在醫學、科技、資訊、心理學等方面的進步，都是妳們應該好好充實的知識領域。

反觀我祖父母那個時代，既沒有收音機、也沒有飛機，只有少數的車輛；至於所謂的登陸月球、電腦、手機等，這一切都是在我們這個時代才發明的東西。至於到了妳們的時代時，又會有什麼新奇、進步的東西發明，想必只有上帝才知道吧！

然而，有一點是可預期的——時代不斷的進步，且進步的腳步也不斷的加速，以致一切高度的發展都集中在這個世紀中；如果依照目前的速度比例繼續前進的話，坦白說，「奇蹟」已經不能算是項奇蹟了。

眼光必須遠大

如果要我選擇人生，我寧願遭遇一些「意想不到的事」；不論我擁有什麼樣的知識及心情，我都隨時期待並迎接「驚奇」！

所以，我認為妳們也不應該過於保守。不論人生走得多順暢，也不要流於保守，而應將眼光朝遠大、新奇的地方眺望，以飛躍的姿態、全新的心情，接受這種「彈性」的看法。

應打開心靈、充滿理解地品嚐人生智慧的躍動；同時，以自己的勇氣，迎向不可能的一切挑戰，以擴大心靈上的境界。

關閉自己心靈的人，只能過平淡的人生。雖然這種人生屬於安定的人生大道；但是不受拘束的探究之心，才是面對未來世界的正確觀念，如果能打開心靈之窗，便有更大「意想不到」的效果。

現在，讓我們開始對未來的事做一些探討吧！例如，平均壽命的延長、太空旅行、可以對話的視訊，以及精神上的偉大成就等等；相反地，在黑暗的另一面，人們也污染了自然生態、核能威脅，以及人口過剩等。真不知五十年後的地球，將會是什麼樣的景象，這實在令人無法預測！

不論將來會發生什麼事，為了防患於未然，必須先建立堅強的自信心，千萬不要跟不上時代的腳步——要適應、並隨之成長，如果沒有堅毅的自信心，就不能更進一步的追求自己未來的理想；有自信心的人，才能自由自在的在天空翱翔。

若遇到意想不到的事情時，所應抱持的態度是什麼？我想，應該就是不要失去冒險精神，並且保持幽默感，同時體驗時機的來臨……這一切，都是一種人生必須的磨練。

女兒的想法

我很少去想未來的事，因為我連一星期之後的計劃都懶得訂立了，更何況長遠呢？大概這種生活方式不適合我吧！連明天會怎樣都不知道，那能訂立幾年以後的生活計劃呢？

學校畢業後做什麼？長大的志願是什麼？現在根本無從想起，更遑論到底會從事那一行？哈！我現在連是否會就業都不知道呢！

我所知道的只是——不論如何，我都要快樂的生存不去，因為凡事我都以快樂的心情去面對！

——薇薇

媽媽，現在的妳，等於是「以前的妳」的未來，是不是一切的事都在妳的意料之中呢？當媽媽還是小孩時，是否同樣的對未來加以猜測呢？關於這一點，不知妳是否想過？結婚、生子，順理成章的為人父母，難道當初妳的計劃就是這樣嗎？

童年對未來的幻想，媽媽，實際上多多少少妳都已經遇到了吧！結果又如何呢？

——茵茵

我不想過於匆忙的面對未來，因為我總想活在快樂的日子裡。不過，不管未來會遭遇到什麼事，我已經找到了克服之道，可以快樂的活下去！

——茵茵

我對來抱著愉快的期望。當我長大之後，一切生活將會變得更加科技化——只要按下電鈕，機械人就會幫你做家事、打掃房間等，如果這時代能早些來臨該多好！

——茜茜

Chapter 7.

工作遭遇困難時

——「不論道路如何陡峭，也要不辭艱難！」

就以這種火車頭前進的精神克服困難吧！
「如果山不動，就自己尋找出路！」
若能突破山險，想必大業也將完成！

——威廉．布雷克

茵茵，前天我回家的時候，見到妳手腳縮成一團的縮在沙發上，似乎受到很大的打擊而悶悶不樂，後來我才知道原來是因為第二天的考試範圍很大，所以形成妳的壓力。

當我陪伴妳做了一、二個小時的功課後，我便領悟到——「知難行易」的道理。換句話說，除去已經知道的範圍，剩下要看的量也就不多了；所以，這就是「事實並非如想像般困難」的最好例證。

一旦遇上這種「似乎很難」的工作，只要立即著手去做，相信多少都會有所斬獲的。由於開始動手做後，無形中就會產生自信心、產生想要完成的想法，這種想法會不斷增強，消除人們懦弱、逃避的心理，繼續朝著目標前進！

反之，若沒有做之前，就在心中先產生無力感，則事情會變得更無法突破，而導致克服困難的意志減弱；所以，如果考試之前心中先有了無力感，自然而然就會有「不想上學」或「跟不上別人」的畏縮想法！

應堅強的面對困難

當我還是孩提時候，妳們的祖父有一個面對困難的好方法——如果遇到平時無法克服的困難時，他也會堅強的去完成！

「哦！這是一件相當困難的事喲！讓爸爸來幫忙妳吧！只要努力去做，就一定能成功！」

巧妙的把意志導向積極的方向。首先，必須承認事情的困難，然後主動要求幫忙，這麼一來，我心理上的負擔已減輕了一半；心中一旦輕鬆，便能將以前所認為自己無法完成的工作，一一的去完成，這的確是非常奇妙。後來我才知道，在這些看似簡易的話裡，其實是含有很大智慧的！

而妳的祖母是一位能幹的人，不管是多瑣碎或困難的工作，一到她的手中，立刻變成一項輕鬆愉快的任務；同時，又以極快的速度完成，似乎天生具有超人的能力。所以，不論有多大的難關，憑她的毅力，都能一一的克服！

這種身教也感染了我，所以我對自己的能力也有自信，這完全是平時得自父母的啟蒙。現在，相信妳們以後不論遇到什麼困難，例如，找不到好工作、或愛情出了問題、子女的教育問題……等等，這時若具不服輸的堅強意志，凡事都可迎刃而解了！

相反的，如果想逃避困難的工作，一旦養成這種態度，往後不論遭遇任何事，都會推諉逃避。久而久之，個性便會變得懦弱沒有自信心，即使是稍稍複雜的問題，也無法克服而不知所措了！

我從父母對事物的看法中學到很多事情；在與雙親一起克服每次困難之後，也更增強了憑自己的力量來完成事情的自信心。因此，當我遇到不能接受挑戰的人，自然會產生「幫助他」的念頭。

我並非要妳們凡事不加考慮，而是當妳在分析事情的困難時，常識及慎重的態度雖是不能免的；但是，「勇氣」將是妳們面對困難的最佳伴侶，以助妳們超越障礙的圓滿達成。

若有人要妳去移動摩天大樓，想必妳不會輕易答應吧！當妳面臨困難時，首先要仔細觀察狀況，私揣本身能力是否能達成，或是思考是否值得為此付出？經慎重考慮，而擬出結論後，就不應再三心二意了，

苦難遲早會度過

在此，我希望妳們能了解——世界之所以會進步，主要是因為那些不向困難低頭的人所努力的結果。如憑著推理和毅力就能發現新大陸的哥倫布；特殊疾病的治療研究發現者；或憑耐力登上陡峭的世界最高峰者；以及發明盲人點字者……這些人都是向未來挑戰的人。也可以說，在我們生活的四周充滿著奇蹟！

在妳們小時候，最喜歡看圖畫中小小火車頭的故事。在那麼小的力量，卻要走過又陡又長的坡路，火車頭的精神，可說是世間最佳的妙喻——「這種坡路難不倒我！」當火車頭正在坡道上行駛時，要不時的這樣自我鼓舞，最後才能超越顛峰的完成任務！

所以，當妳面臨無法完成的工作時，就想想這個故事吧！當有人遭遇困難時，往往在前一天晚上躺在床上翻來覆去的無法成眠，夜愈深愈缺乏安全感；但是，一旦克服完成後，心中便會有無法言喻的輕鬆和喜悅。

人生中遇到不如意、困難的事都在所難免的；但是，要憑藉人類的毅力及耐力去克服達成的。

在我所經歷的痛苦中，的確得到不少人生的經驗；但是也有些只有痛苦而毫無斬獲的。然而，重點卻在於所經歷的過程而非結果。換句話說，正由於親身體驗，人才會不斷的成長、學習，並同時培養出自信心。

所以，我摯愛的女兒們！當妳們遇到困難時，也許媽媽會很樂意的主動幫助妳們；必要時，千萬不要羞於啟齒，儘量向媽媽求援吧！不管遇到任何事，只要記住大家「同心協力」這句話，就算是再難的問題，也都能獲得解決的！

女兒的想法

媽媽的意思是——山不動，人自己動嘛！

——茵茵

Chapter 8.

舉止要坦率

——如果態度沈著穩定，潛力自然會完全發揮

兩點之間的最短距離是直線！

——數學定理

我們所處的社會，是一個不太鼓勵坦率的世界。自從我們懂事以來，就常被教導對別人不要太坦率的說真心話。

譬如，要向老師說：「能在您的班級上課，我真高興！」等之類不實的話，自小就被教導、運用，以便行事順利。

如果我們每次都以欺矇的手法待人，久而久之，會使所有的感覺都變得空虛而不實際，最後甚至連自己也分不出真假來了。

例如，如果週末被邀請到朋友家做客，雖然心中並不想去，但又擔心於若太坦率的表白出來，可能會使對方不高興或生氣；所以，妳只好勉強答應。等到面臨事情時，才編出一套無聊的謊言把它推辭掉，這實在是相當不好的行為！

反之，若能以「謝謝妳的好意，但是這個週末，我已經先與別人有約，實在無法到府上拜訪；不過我還是很感謝你的邀請。」如此，一開始就坦率的婉拒，便不會把事情愈弄愈糟了。

「模稜兩可」通常是把事搞糟的主因

以坦率的態度來面對事情，應是極簡單的事，而奇怪的是，為何人往往不能如此做？所謂「兩點之間最短的距離是直線」的定理至今未變；但是，世上喜歡玩弄小聰明的人卻會故意迂迴繞道，以致做出許多無聊荒唐的事來！

「可以說對，也可以說不對，也許沒有一定的答案！」故意以這種「模稜兩可」的態度來處世；一方面想儘量不使自己吃虧，而另一方面又想明哲保身。這種做法乍看之下似乎是有些小聰明；但是，最後吃虧的一定還是自己。

總而言之，凡事以「模稜兩可」的態度處世的人，實是浪費了很多無謂的時間。不懂利用兩點之間最短距離的作法，在無形中便耗費相當多的時間及精神而不自知了！

現在，就讓我舉出一個例子吧！

當星期六的約會與堆積如山的功課發生衝突而不知如何解決時，對於妳將要提出報告的資料，我原想從旁幫忙；但是看妳卻不肯坦然的說出來，只是心情煩躁的一直在家中踱來踱去……

如此般的延續到星期六的傍晚，煩躁的心情似乎已經到了將爆發的邊緣；所以，每次看到妳，我只好趕緊躲開，為了想了解妳內心煩躁的原因，使我白白浪費了一整天寶貴的時間。當時如果妳肯坦率的開口向我明說，不但不必浪費時間，而且也可防止事情搞成一團糟！

向問題的核心挑戰

「單純明朗」是一種難得的態度。一個人的想法或說法，都應該「快刀斬亂麻」一般地明快俐落；若只是一味的在問題核心旁徘徊的話，就有迷失在問題本身裡的危險！

如果想玩弄小聰明，最後自己終將會先混亂，自然對真實與虛偽就無法分辨了。反之，如果以明快坦率的態度讓我們加以思考，應該也能得到明快的結論；而且，妳的意見及評估方法夠坦率，即使妳的意見或想法不一定會得到別人的認同及喜愛，但是卻能取信於人。

固然，有時也會因過於坦率而受到傷害；但若一件事無法按常理去做的話，正如一個人頭上戴一頂奇怪的帽子，卻硬要別人讚美般的彆扭。因此，對於並非出自內心想說的話，到底該在何種情況之下使用，相信妳們必能判斷了！

在一個人的人生過程中，凡事都需由自己做決定；所以，希望妳們從今以後，能善加運用自己的智慧及正確的眼光，盡可能以單純明朗的態度處事。

女兒的想法

坦率地待人處世，並非是件簡單就能達成的事。開門見山的說出自己心中所想的事是相當困難的；所以，有時候我認為不妨以迂迴的方式來暗示對方。

如果遇到不好意思開口的事，而硬要使自己的心情開朗的說出來時，我認為「坦率」是最好的方法了。雖然這樣的做法會使對方內心受創；但只要能稍懂得婉轉的技巧，就應該能平安無事。就如同瑪麗的一句口頭禪，「只要一小匙的糖，就能使極苦的藥，從口中順利吞下去。」

——薇薇

由於本身個性內向，使得自己無法向別人開口要求時，我認為要先學習坦率的說話應對較好；如果能坦率的表達出來，就不會畏縮，更不會和朋友有所隔閡了！

——茵茵

要將有關自己的事坦白說出；有時候，人一定要坦率才好，才不會引起不必要的誤會。

——茜茜

Part 5

智慧的手札

1. 體會到學習之樂嗎？
2. 選擇終身的事業
3. 希望工作的女性，前進吧！
4. 母親是職業婦女

Chapter 1.

體會到學習之樂嗎？

——如果能發揮好奇心，就可向周遭的人學習很多東西

教育的目的，就是要我們在一生中，都能維持不斷學習的態度。

——R・M・哈丁茲

關於我母親的教育法，幾乎獨特得可申請專利了。因為母親的教育法是要引起自動自發的學習動機，而她也確實有此能力。例如，將歷史功課變成冒險的故事；地理作業變成異國的旅行；而詩歌則是自己活生生情感的表露。這種神奇魔術般的力量，隨時讓人感到驚訝！

母親並不是單純的唸童話給我們聽，而是以富有情節的神話來取代，使孩子產生驚訝的情感，難道還會有比這個更新奇有趣的故事嗎？看過史蒂文生故事的我，對於亞瑟王產生崇敬，對法國的王位繼承，則是由國王妻妾們的交談得知。由閒談般的歷史，總比那些看來枯燥無味的資料，更有助於小孩的記憶。

我從母親的教育法中學習，簡直像遊戲般的有趣。所以知識也等於是從遊戲中獲得；而且在作功課時，也會感到快樂，我想這是每個人都會這麼希望吧！

可是，現在的父母卻標榜一貫性的學校教育，使孩子對學習失去了興

趣，使學習變得只是個無聊的上學，到底是什麼原因造成這種情形呢？

所以，我認為母親比起那些教育人員懂得更多，對於她能使功課變得生動有趣的方法，也令人感到驚訝！

如果現代的孩子腦海中，都充滿著強烈的冒險及求知欲望；那麼，人類的未來，應會有完全不同的決定性改變吧！

茜茜，幾年前，我曾看到妳在玩具商店玩買賣的遊戲，這是妳最愛玩的遊戲之一，妳很快就能算出在收據上所加的稅金；可是，當時妳在學校上數學課所學的百分比及分數應用，卻始終使妳傷透腦筋，這樣的比喻妳明白嗎？那是因為妳對玩具商店感到興趣，因此，金錢上的計算總是難不倒妳；可是，一到學校的數學作業，由於枯燥無味而始終算不出來！

學校並非唯一學習的地方

美國教育革新派先驅——約翰‧赫魯特，是一位對美國教育制度的改善極有貢獻的人。在他《替代教育》著作中，對美國的教育批評得體無完膚。例如，接受學校教育的人士，幾乎都相信以下的情況：

一、為什麼學習重要知識，就得到學校接受老師的教導才可以呢？

二、那是一個充滿無聊、痛苦的地方。

三、更何況，在學校究竟能學到了什麼呢？

「學校」當然是學習之地，然而事實上，每個人的人生一分一秒都在學習；但是現今社會的觀念卻把「學習」與「在學校學習」混談為一，其實這兩者並非完全相同。

美國幽默大師、家馬克吐溫曾說：「不要讓真正的教育，受到學校教育的阻礙！」

美國歷史學家亨利・亞當斯曾說：「我一方面接受家庭教育，另一方也到學校學習。」

如果能花上畢生時間與精力，找出某些有關教育的事情，相信學校就會比我們現在所想像的更充滿魅力！

茜茜，妳因為喜愛戲劇，所以能很快的將冗長而難記的台詞背起來；而對茵茵來說，簿記類的功課，反倒像是快樂的遊戲了。

雖然如此，我並不鼓勵妳們只學習自己喜愛的功課，對藝術、語言、科學、數學、歷史等知識也應涉獵，才會使個人更廣泛的成長，且在知識的領域裡，結出更多的果實，而每一種果實都應有少許的嘗試一下，才可能做出自己喜愛的「知識水果醬呢！」

如果發現自己的興趣，就應專心去做，應用自己的大腦去想、去學、去讀，或是買書來吸取知識！

相信在這個社會上，能使妳們著迷、引發想像力泉湧的事必定很多吧！選擇自己最有興趣的事，才能建立自己獨特的風格，也能使自己的專有知識更為深奧；所以坦白說，若能探究出自己所喜愛的事，的確勝過被強迫式的學習，這樣的收穫應該會更大吧！

自我教育

所謂「自我尊重」就是要「自我教育」——人人都可以憑自己的力量找出興趣，並儘量吸收知識，睜開眼看、豎起耳朵聽，並集中高度的注意力，面對周遭的環境！

簡單的說，比如觀察在巴士上鄰座女士的行為舉止，到底她的手勢代表著什麼？此外，我們也可由電視或電影中學習。以這種方式學習，既可邊享受快樂，又可邊吸收知識及啟示，吾人何樂而不為呢！

雖然，我們由書本上可以學到知識；然而在公園中，也可以邊散步，邊由朋友的身上獲得新知，甚至光看地下道的海報也能學習。只要能針對自己的特長加以發揮的話，這就是自我教育的學習！

這麼說，相信妳們已經有所了解了吧！一個人所獲得的知識和個人的好奇心與體力原則上成正比，雖然有時也會出現例外的情形。

總而言之，「活到老、學到老！」如果我們能永遠保持著學習的態度，就能過著有創意的人生！

女兒的想法

關於學校的問題是：如果遇上不好的老師，學生則會群起反感；此時，即使對自己未來有幫助的功課，也會因此而無法認真學習，進而對於上課會感到厭倦！

——薇薇

如果，我能改變現今教育制度，必定會大刀闊斧的去做。

首先要讓學生有自由穿服裝的權利；老師也不能枯燥無味的上課；同時，不要老是照著課本一直唸到下課！

——茜茜

對學生而言，所謂好的老師究竟屬於何種類型呢？首要條件是能和學生溝通，以及認真聽取學生的意見。

我喜歡班上自由討論的氣氛，這種方式比起呆坐在教室裡聽老師上課有趣多了。而老師對於學生所說的話，若能夠以仔細而誠懇的態度傾聽，並給予實際上的回答，這才是真正的溝通；否則，老師與學生之間，只是名不符實的關係罷了！

——薇薇

我認為不論是校長也好、主任也好、老師也好，只要能和問題學生好好的交談，找出他們變壞的原因，相信這些學生就能改過向善了！

如果只知施以懲罰，不但無法強制他們改善，反而會變本加厲的更壞；因為沒有人在受到處罰時，會主動的自我反省！

——茵茵

解決糾紛的關鍵難道不是溝通嗎？如果人們能彼此相互了解、找出問題的關鍵所在，相信社會上所存在的問題必然會減少許多。

但是，身為老師的似乎對溝通並不太熱心，同時，老師的話似乎的向學生說教而已，並沒有讓學生解說的餘地！

——茵茵

Chapter 2.

選擇終身的事業

——這是自己所選擇的職業，所以應以擁有「幸福感」為首要條件

把工具拿在手裡吧！神會對工作的你給予期待的。

——金斯利

我之所以會找工作，乃是由於家中發生了變故。我一向喜歡寫文章，又會畫畫，所以一離開學校後，就進入廣告公司上班；往後又接二連三的得到好機會嘗試，所以愈做愈好！

自從離婚之後，因為妳們年紀還小，生活過得很辛苦，為了生存下去，可說什麼工作都做——寫文章、畫畫、甚至學習畫人像及各種宣傳廣告、推銷……由於自己不斷的努力學習，連帶的也使收入不斷增加。

老實說，我認為自己頗有才華；然而話說回來，與其說是自己選擇職業，不如說是職業造就了我。

長大成人之後，便能知道什麼是自己想做的，這世上可說是少之又少。一般人，大多是為生活而工作，即使有時會受到嗜好、才華所左右；但絕大部分的人，都是以「經濟」來考慮職業的。

這麼多人為了經濟而被侷限在不合適的工作上，基於這一點，我想把自己想到的事，坦率的寫出來供妳們參考！

探索適合於自己的職業

在學校時，希望妳們能好好的發揮想像力，省視適合自己終身職守的範圍。對於有自主想法的人來說，或許由妳們的立場看來，對各種生活方式都會感到興趣；但在此奉勸妳們，趁年輕時仍須多多吸取經驗，並打開心靈的窗口，以聽取更多不同的意見！

當今熱門的職業，例如女演員、模特兒、醫生、設計師、電腦高手等，相信應該有不少人嚮往吧！無論妳身處哪個時代，如果自己不能多方面嘗試，妳不知道所從事的職業是不是適合自己。總之，應向專業人員打聽，並且儘量詢問各種問題。

對於妳們兩人往後會從事什麼職業，至今仍無法確知。所以，要先對自己好好的做一番觀察——針對自己的長處和缺點，以及獨具的才華，一一的分析清楚，千萬不要受其他因素所左右。換句話說，倚賴自己的眼睛，如此一來，要自己決定合適的職業，應該就不是一件難事了！

茵茵，妳還記得第一次工作時候嗎？當妳被分派在服務台，由於工作認真的妳，一到下班後，幾乎已經是有氣無力了；同時，到了晚上八點時就開始打瞌睡了。從此「工作」是什麼？相信妳已能體會出來了吧？

總之，利用暑期打工，不但能獲得很好的經驗，更能利用這個機會面對各類的人，希望這種體驗對妳有所助益！

改行的勇氣

如果妳已經當醫生開業了好幾年，最後卻發現這份工作並不適合自己；此時的妳，對早已不適合自己個性的這門工作來說，卻不知已經付出多少時間精力了！

這時候，妳該怎麼辦呢？首先，妳不應該向挫折低頭，更不要失去自信，立刻找尋另外的可行之路。對於不適合自己的職業，實在沒有必要再待幾十個年頭；那麼，到底能做些什麼呢？要找新的職業，到底要受多少訓練？而接受這種訓練的方法是什麼？換言之，也就是積極行動的開始。

如果我遇到這種情況，不知社會上的一般想法是如何？事實上根本不必去理會別人的說法，即使遭遇了困難，時間、金錢也都在所不惜！不必過於計較，更要朝向適合自己個性的道路前進。看看那些對人類有重大貢獻的人之中，曾在中途更換職業的並不在少數！

凡事要矯正過錯，都需要勇氣；所以，職業上的選擇，可說是成為你們勇氣的試金石！

「幸福」是——能從事自己喜歡的工作

當妳們年紀還小的時候，媽媽為了生活，正忙著努力工作。所幸的是，我的收入足以維持全家人的生活；但是我心裡並不因此而滿足，總認為「工作」只是另一種生活的手段罷了。

趁著自己心裡的繆斯（希臘女神，主宰靈感）尚未老化之前，並且在創造的泉水尚未乾枯之前，就讓自己能自由自在的飛翔馳騁，我一直懷有這種深切的期望！

在此，我主要是想告訴妳們；一個人在一生中，常會出現一些不由自主的情況，如果身不由己的處在並非自己所盼望的境遇時，才能找出真正靈魂的支柱。例如，感到自己被犧牲或是落入圈套時，我會儘量對自己說——這只不過是人生的一小部分罷了！

可能的話，最好從一開始就從事自己所喜愛的工作，能對自己喜愛的工作立下生活計劃的人，是最幸福的人。想想，每天一早醒來，就能認真而快樂的面對工作，心中自然會浮起幸福的感覺。

千萬不要倚賴社會所認同的尺度，而應擁有自己想法和目標才對。記得當妳們兩人年紀還小的時候，曾經和媽媽談論金錢的事，現在還記得嗎？茜茜，妳說要賺一大筆錢，買一輛豪華大轎車；而茵茵則說，能買到裹腹的烏麥就不錯了……當時的情景歷歷在目！

妳們兩個所說的話，充分顯示了個人的性格，到今天，若由某種意義上來說，仍然沒很大的改變呢！

工作及幸福生活兼容

事實上，能夠兼得兩者而平順地過活的人很少。有些人只為了工作、為了實現野心而放棄一切；又有些人或許是為了愛、為了結婚而犧牲個人的前途，我相信這些人或許恨不得有兩倍的時間可用。

對一名女子而言，要得到這兩者均衡的確不簡單；而想過均衡生活的時代女性，恐怕還要再經過好幾世紀才能如願吧！

由傳統社會中解放出來的妳們，應該能獲得更充實的一面。在此，希望妳們在所從事的職業中，能發揮所長；同時，對一名女性所應具有愛的生活方式也不可丟棄。不論將來你們選擇何種職業，我都不會干涉；但唯一令我掛心的事——妳們所選擇的職業，是否真能帶給自己充實的感覺？

想成為一位高收入的有名外科醫生，或是當一名沒沒無聞的女佣人也好，媽媽都會對妳們鼓足勇氣所選擇的職業都會表示敬意！

女兒的想法

大部分的小孩子都對長大後要從事何種行業立下志向；而我在高中時，也有這種想法了。當老師問起對將來的希望為何時，也會開始思考；我不覺得那是一種壓力，對我而言，倒像是一種未來的期望。

——茜茜

不論從事何種職業，我一定要全力以赴！

——茵茵

Chapter 3.

希望工作的女性，前進吧！

——女性要能超越過去社會的藩籬，
堅強而果決的去工作

過去一般人提起女性的職業，好像就只有祕書之類的工作而已。所以，女性多半在踏入社會前要先學習打字或服務等訓練；後來，又因為結婚而必須辭去工作。總而言之，女性並未受到真正公平的待遇。

當然，也有不屬於上述的女性，她們多半可分成以下兩種類型：一、就是驕傲而頑強；二、則是屬於具有攻擊性的女性，但這也只是一小部分而已，所以所造成的影響力不大。這些與眾不同的女性，往往也因此而成為男性同事間常開玩笑的對象！但是，目前情況已經大大有了改觀。這不只是女權運動的抬頭，且包括女性本身自覺的改變；所以，男性對女性的敬意，多少也因此而改變許多。

總而言之，妳們即將成為職業婦女了。一般人的看法都認為事業是女性婚姻的絆腳石，我曾針對這一點加以探討——雖然，今天已經有很大的變化產生，但在企業界，依然無法否認是男人的天下。

女性也應懷有大志

同樣是兩個人，如果身為男性，可能無需任何經驗就能克服障礙、步步高陞；而若是女性，則需要花費很大的力氣來克服！

自古以來，女性通常被教育成輔佐的角色而非領導者，以致女性在工作上的負擔，自然而然就和男性有所不同了。

所以，女性先要從高估自己能力做起，以期許自己達到能力的上限；反之，若對自己領導能力都沒自信的人，怎麼可能爬上領導地位呢？

女性的另一項特質是——不論遭遇什麼事，都想一個人獨挑大樑，反而無法放心讓他人插手，所以，我們應學習運用自己的天分，將責任分予他人來負責。在這方面，女性似乎也應該識大體些。

長久以來，女性都受著成為賢妻良母的教育，所以對家庭比男性更操心。其實，把孩子留在家中外出工作是多麼深重的罪孽啊！而社會上，真正會有這種想法的男性應該是還不少吧？

此外，女性會在工作與愛情兩者之間進退兩難，而男性則沒有這種困擾。為了得到對方的愛，女性得必恭必敬的相信對方才可；女性所受的教養和男性畢竟有很大的差異。

大部分的女性對自己在工作上抱有野心這一點，有時會產生躊躇感，她們擔心是否會有男性會向銀行女總裁求婚？女性在工作上得到成功就會和婚姻一途遠離嗎？同時女性對於領導地位所產生的孤獨也感到害怕；所以，女性究竟只能成為「皇后」，而始終無法變成「國王」的原因在此。

然而，如果用相反的角度來思考！難道女性果真不能懷有大志嗎？作某種程度的妥協，也許可使工作更加順利；這樣做不是更兩全其美嗎？

懷著自信前進

女性也有很多男性所沒有的有利條件，在我們的歷史背後，曾有母系社會存在；而在現代的社會裡，女性的發言權也受到保障。

女性由於受到做事要有耐心，認真的工作、學習的種種培養，在日後的工作上，反而成為強有力的武器，由於女性較能順應各種變化，工作態度也很多元性，比男性更信賴自己的直覺，因此，更容易推動工作使事業獲得進展！

我在工作上得到相當大的信任。當我年幼時，雙親就要我長大後成為一個光明磊落的人。母親是初期的女權論者，父親則是最具有正義及平等觀念的人。

正因為這種積極的心理，所以我在男性的工作圈中也能堅強的活下去，妳們也應要有「當然我會成功」的想法才可以；只要有這種自信就能對經驗的累積有所助益！

妳們對將來的職業及生活，應懷有某種程度的興趣；希望妳們也能對將來的事好好的想一想！

能夠抬頭挺胸、大聲告訴別人「我有這種經驗！」嗎？老實的說出來吧！別人是別人，妳是妳，在社會上，妳只有一個人，如果已有其它人做了某些事，那麼比較之下妳又如何呢？

自己只能做與一般人無異的普通本事，能做的更好的事還有哪些？如果想要勝過他人就應更加全力以赴。

此外，對於想做這件事的動機，也要深入探討，對自己而言，到底什麼才是最重要的？——嫁人？工作？自己要評估一下彼此之間的關係才好，之後再巧妙的將工作納入自己的人生之中，然後才能過著中庸、平衡而充實的幸福人生！

不能忘記的是，要好好的了解自我、珍重自己，如此才能以快樂的心情朝目標邁進！

Chapter 4.

母親是職業婦女

——留在家中的幼兒，心中會感到寂寞……

的確，我遇到許多事都能順利克服，我是一個堅強的母堅！

——伊莉莎白·泰勒

母親回顧人生的時期，似乎已經來臨了，我想可能與寫這本筆記有關吧！另一方面，妳們已長成為十四、十五歲的少女了，相信這也是因素之一吧！

當生活艱苦的昔日，我心中常想，如果自己的女兒已經長到十四、五歲該有多好！這些願望，宛如在漆黑漫長的山洞中的出口處所發出微弱的光亮。我一直認為，如果女兒長大了，自己在社會上的奮鬥，也可說告一段落了。

茵茵，今天是妳十五歲的生日；茜茜，再過三天妳也十四歲了，正值青春年少的妳們，是不可能會了解母親心情的！

依據占星術來看，十四與二十八的週期，是天界的頭目——土星（即撒旦，希臘掌農耕之神）通過之時，他會對人類的工作態度、靈魂的成長與進化，仔細的觀察，然後予以獎懲。

當我心裡一面使搖籃吱嘎作響，一面寫下這篇文章時，我的腦中浮現出從前一面唱歌、一面推搖籃的情形。

想起十四年前，我的兩隻手臂，一手抱著一個的離開北卡羅萊那州。自從那時開始，妳們已在我心中被牢牢的抱住了；轉眼間，妳們都已成為窈窕淑女了……

為了回顧過去的歲月，我又看了看以前為了量身高而在樹幹上所作的記號；現在，我再把當時的心情回述一遍。

光芒時刻的來臨

如果我這麼說，可能會遭到天下辛勞的媽媽們抗議；但我對在妳們嬰兒期時，必須外出工作這一點，心中感到歉意！

母親在外工作，其實也有很多好處，那就是可讓孩子早些培養獨立的個性，使他們能抑制自己的任性，也能學習到如何互相幫助。雖然如此，在這個時期，如果母親不在，確實會成為孩子往後的缺憾！

將年紀還小的妳們，交給笨手笨腳的女佣人，母親整天在外提心吊膽，而妳們則須忍受孤獨的痛苦，關於這一點，我感到很遺憾！當妳們心中有許多話，從學校放學之後，卻只能在沒有母親的空屋中獨自等待，那是怎樣的心情呢？但這種情形，對日後妳們了解現實社會的冷暖，多少也有些作用吧！

我心中常想：「我要用儘可能的溫柔體貼的態度，來教養妳們。」可是，像我的情況一樣，不得不選擇工作的母親，相信天下還有很多吧！最近常聽人說，一個必須工作的母親，比起為了育嬰而心不甘、情不願的待在家中的母親，對孩子而言，反而較好！

職業婦女們聽到這句話，固然可以聊慰己心；然而對孩子而言，最理想的情況似乎是母親能在家中陪伴孩子，因而感到心滿意足。

為了照顧才一、二歲大的嬰兒而留在家中，對女性往後外出工作，真的不會造成影響嗎？是否會產生負面的影響？坦白說，我並不能給予妳們確定的答案；但我只能說，為了自己的寶寶，我相信這樣做是比較好的！

另一方面，年齡也是值得探討的問題。最近，產齡已經逐漸升高了，要成為一個母親，一定要各方面都成熟才好！但是，成熟的程度又如何呢？我成為母親的年齡，是二十三、二十四歲，那時我正充滿著旺盛的精力與勇氣！

現在，我看著妳們在十八個月和三十個月時所拍的照片，妳們坐在我的膝上玩弄著我的長髮、抓著我的衣角……而今，隨著妳們的成長，我也感到自己不斷的成長！

天從人願，妳們兩人的身心不但健康且正常的長大，這一點對於目前仍在社會上工作的我而言，是多麼大的鼓勵啊！

妳們長大了，對我而言，這是最大的喜悅與感謝；這種心情實在無法言喻，使我在必須通過的漫長山洞口，迎著開朗的陽光前進！

所以，從今以後，會有什麼美好的未來，是值得我們拭目以待的！

女兒的想法

在我小時候，因為母親出外工作，心中確實有難受的時候，所年紀小時，總認為母親不應出外工作，因為那會使小孩兒吃很大的苦頭！

——茜茜

我認為母親出外工作，是一件美好的事；那不只是對女性本身好而已，也能培養小孩子的獨立個性；如果母親整天待在家裡，那麼，小孩子的成長也會隨之緩慢！

母親啊！我還小的時候，妳一直在工作，我當時就認為這是件好事，因為整個家好像都變成我的，我也嚐到了成為大人的滋味！

——茵茵

我認為對小孩子而言，最重要的是有一個真正疼愛自己的母親，只要能得到母親真正的愛，就算母親外出工作，我想也沒關係。

——薇薇

後記

——結束就是另一個新的開始

親愛的女兒們，想要說的話，實在堆積如山，所以如果心中想什麼就寫什麼的一直繼續下去，恐怕永遠也寫不完……

在母親的內心，是多麼疼惜妳們啊！從今以後，妳們要如何迎接未來的歲月？如何了解成長？如果用言語來傳達，也許無法說明清楚；所以我只好把自己的盼望寫出來，希望妳們能夠順利成長！

我希望在妳們的人生中，充滿著愛與冒險、變化與嘗試，更重要的是不服輸的精神、笑容與愛情，同時要能看準自己的方向，不能迷失自我；另外，也要相信自己的直覺，並好好的品嚐身為女性的喜悅。

最後，我希望妳們所給予我的這一次經驗，也會由妳們的孩子身上得到——一起共同生活學習，最後讓真情與愛充分的流露！

在孩子和母親之間，
母親始終是一艘超載的輪船，
任憑日曬雨淋、風吹浪打。
歷盡千辛萬苦也心甘情願付出……
——凡人

在孩子的嘴裏和心中，
母親就是上帝！

——英國諺語

曾經有人告訴你這一切值得努力，
跨出一步就是跨向信仰的一大步，
這時候你會明白你該準備起飛了，
所以，你不該再說你想放棄！
沒錯，已經無法回頭了，
因爲我們注定要展翅高飛！
展開你的雙翅，穿越到宇宙。
這是屬於你的時刻，輪到你去閃耀……

——艾薇兒Avril Lavigne

國家圖書館出版品預行編目資料

伊莉莎白寫給女兒的30封信／伊莉莎白·凱西 著 張明玉 譯
-- 初版-- 新北市：新潮社文化事業有限公司，2023.07
面； 公分
ISBN 978-986-316-886-7（平裝）
1. CST：生活指導 2. CST：女性

177.2 112006911

伊莉莎白寫給女兒的30封信

作　　者　伊莉莎白．凱西
譯　　者　張明玉
主　　編　林郁
企　　劃　天蠍座文創製作
出　　版　新潮社文化事業有限公司
電話 02-8666-5711
傳真 02-8666-5833
E-mail：service@xcsbook.com.tw

印前作業　菩薩蠻、東豪印刷事業有限公司
印刷作業　福霖印刷企業有限公司

總 經 銷　創智文化有限公司
新北市土城區忠承路 89 號 6F（永寧科技園區）
電話 02-2268-3489
傳真 02-2269-6560

初　　版　2023 年 08 月